家賃の安い部屋

心霊写真BOOK

WANI BOOKS

再生 05/08 保護 2018年08月28日 07:51

はじめに

皆口

「家賃の安い部屋」のお時間がやって参りました！

視聴者の方から投稿して頂いた心霊写真を紹介するYouTubeの番組ですが、この度、書籍化させて頂くことになりました。

長尾

まさかこうなるとは。番組が始まった時には思いも寄らなかったですね。すごく光栄です。恐縮です。もう頭垂れるしかないくらい。

皆口

本当に感無量だね。

長尾

書籍化にあたって写真を見直してみましたが、新たな発見がありましたね。番組では伝えきれていなかったことも改めてコメントさせて頂きました。
でも、ボキャブラリーがないので、気づいたら番組と同じことを言っていたり。

皆口

（笑）

長尾

ボキャブラリーのなさ、一時期本気で悩んでいた時がありました…。
でもやっぱり、心霊写真って怖いなと思いました。ただ、怖いだけじゃない何かがありますよね。

皆口 

オカルト全般そうだけど、特に心霊写真ってロマンが詰まってるものだなって。例えば、写真に説得力がなくても、それに添えられているお便りが怖かったりすると急に写真も怖く見えてくるし…。長尾さんにとって心霊写真ってどんな存在？　ロマン以外で。

長尾 

ロマン以外で？　僕もロマンだなと思っていましたけどね。なんでしょうね、ロマン以外で…。

皆口 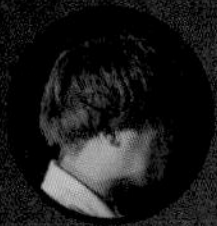

ボキャブラリー増やしていこう。

長尾 

うーん……「映画であり、小説みたいなもの」ですかね。普通の写真にもストーリーや思い出があるんですけど、心霊写真は特にそれを強く感じられるものなのかなと思います。…まぁ、つまりはロマンですよね。

皆口 

自分も長尾さんも視えるわけではないので、心霊写真が本物なのか気のせいなのかはわからなくて。どっちかわからないけどひょっとしたら本物かもしれない…。だからこそ怖がった方が楽しいというか、余白があるからいろんな話もできるし。この番組はその余白を楽しんでる感じなのかな。

長尾 

そうですね。番組と共に、この本でもそういう余白にあるロマンを怖がったり楽しんで頂けたらうれしいです。

家賃の安い部屋 とは

Horror entertainment program!
Sub Ch.

ホラーエンタテインメント番組ゾゾゾのサブチャンネル。メインパーソナリティ長尾とディレクター皆口のトークを交えつつ、番組に寄せられた投稿写真・映像などを紹介する、気軽に観れるフラットで少しアンダーグラウンドなホラーエンタテインメント番組である。
2019年3月より、YouTubeに動画の配信を開始。

ゾゾゾ とは

心霊スポットや恐怖ゾーンといった日本全国のゾゾゾスポットをレポートして、ホラーポータルサイトを作るという壮大な目標を掲げて活動するホラーエンタテインメント番組。
落合、内田、山本、皆口、スペシャルゲストの長尾の5人を中心に、活動している。

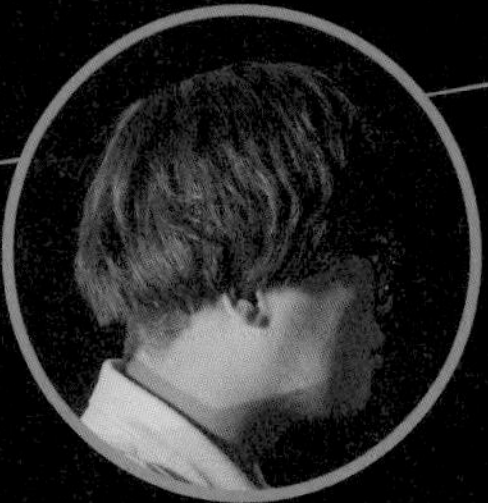

長尾
（しょうちゃん）

メインパーソナリティ。家賃の安い部屋に住んでいる。とある日、家に訪れた皆口に唐突に番組の開始を告げられ、流されるままに撮影に参加し始める。

皆口

ディレクター・カメラ・編集。生粋のホラーマニア。ゾゾゾで心霊スポットに行くだけでは飽き足らず、心霊写真のサブチャンネルを始めた発起人である。

お留守番メンバー

落合

皆口の会社の上司で、ゾゾゾのメインパーソナリティ。心霊現象は信じていないが、心霊写真は怖い。

内田
（まーくん）

皆口とは高校の同級生で、ゾゾゾのスタッフ。眼鏡がトレードマークの愛されキャラであり、いじられキャラでもある。

山本

2019年からゾゾゾのスタッフとして参加。一見天然の癒し系だが、人に興味のない虚無人間疑惑がある。

Contents

恐怖度 II

恐怖度 III

恐怖度Ⅳ

心霊写真鑑定

恐怖度1

首狩り神社

撮影日時　去年の11月頃
撮影場所　神社
投 稿 者　てったさん（岩手県）

去年の11月頃に、山奥にある地元で知られる心霊スポットのトンネルへ行こうと向かった際、その道中には、通称「首狩り神社」と呼ばれる神社があるのですが、そこで撮った1枚です。
一番右の子のこちら側から見て右肩付近に顔のようなものが写っています。特に良くないことなどは起きてないです。

長尾

首狩り神社って、僕は行ってないですけど、ゾゾゾの本編で行った神社と同じですよね。この右肩の白いのが顔っぽいっていうことだと思うんですが、なんか、写真をよく見るといろんなところに顔っぽいものがある気がするんですよね…。

長尾

神聖な場所なので、そういう不思議なものが写ってもおかしくないのかなと思います。怪我なく無事に帰ってこれて、普段通り生活できているってことなので、それにこしたことはないですよね。

ブラウン管に

恐怖度1

撮影日時　小学生の頃
撮影場所　部屋
投稿者　モンベベさん（奈良県）

私が小学生の時、愛犬と母を撮った写真です。
カメラを上手く使えず、奥の部屋が写ってしまっているのですが、その部屋のテレビに着物を着た女性のような影が写っています。
この時は確かにテレビは消していました。
着物を着た女性に見覚えはなく、「これは誰なんだろうな～」と思っていましたが、祖父母や両親に聞いても気持ち悪がられるだけなのでそっとしています。

皆口 
本当に着物を着ている。喪服にも見えなくないよ。

長尾 
きれいな顔立ちの女性でしょうか。喪服…確かに白い襟があって、そういう風にも見えますね。
テレビってみんなが見るものじゃないですか。だからそこに霊的なものが集まってくるっていう話は聞いたことありますよ…。

夜桜

撮影日時　5年ほど前の夜
撮影場所　桜の前
投稿者　みずユミさん(神奈川県)

恐怖度1

5年ほど前なのですが、子供達と3人で地元の夜桜を見に行った時の写真です。向かって右側(娘の脇の下あたり)に小さい子供の手のようなものが写ってる気がして。
他にも夜桜を見にきている人はチラホラいましたが、写真を撮った時には近くに人はいなかったと思います(平日だし時間的にも人はまばらでした)。
小さいお子さんを連れてる人も見かけなかったので、何かな？とずっと気になっていました。

#54 ワサビ

皆口 
お手手…。

長尾 
1、2歳くらいの赤ちゃんの手に見えますよね。距離が近いんだよなぁ。赤ちゃんを抱えている人が後ろにいるんだったら、大人の人が背後に写っていてもおかしくないはずなんですが。まぁ、桜にはいろんな話がありますからね。僕もお花見したいです。

修学旅行、日光にて

恐怖度1

#41 境界線の話

撮影日時　母が中学生か高校生の頃
撮影場所　日光
投稿者　あたあめさん（神奈川県）

これは母が中学生か高校生の頃、日光に修学旅行に行った時の写真です。見たところそこまで嫌な感じはしないので、おそらく楽しい雰囲気に誘われて写ってしまったのだと思います。

皆口　ちょっと時代を感じさせるお写真ですが…。
隙間…。

長尾　皆さんの髪型が聖子ちゃんカットに近い感じですね。
…隙間…うん、見てる。いたずら好きというか。「ちょっと入れて」って出てきたような印象ですね。
なんか、よく見るとほうれい線みたいなものも見えるし、じとーっとした目で見ているようにも見えますね。男性？

皆口　おばさんにも見えるよ…。

不気味なブレ

撮影日時　お盆休み
撮影場所　キャンプ先
投 稿 者　のあさん（北海道）

お盆休みにキャンプ先で撮った数枚の写真のうち、1枚だけ変だった…。
写真右の人は、肩回りが痛くなり指を怪我する夢を毎日のように見るようになりました。

皆口

一見ただの手ブレっぽいんですよ。ただ…非常に不気味なブレ方をしている。クシャクシャにした紙のように…。
一番右の方、モザイクなしのものを見たんですが…目が1つしかなかったです。

長尾

おー……。
激しく動いたとしても、ちょっと考えられないようなブレ方に感じます。怖いというより不気味。お盆っていうのも何か影響しているのかもしれないですね。
夢を見るようになったということで…お気を付けて。
R2-D2のクッション、僕もほしいです。

犬の散歩

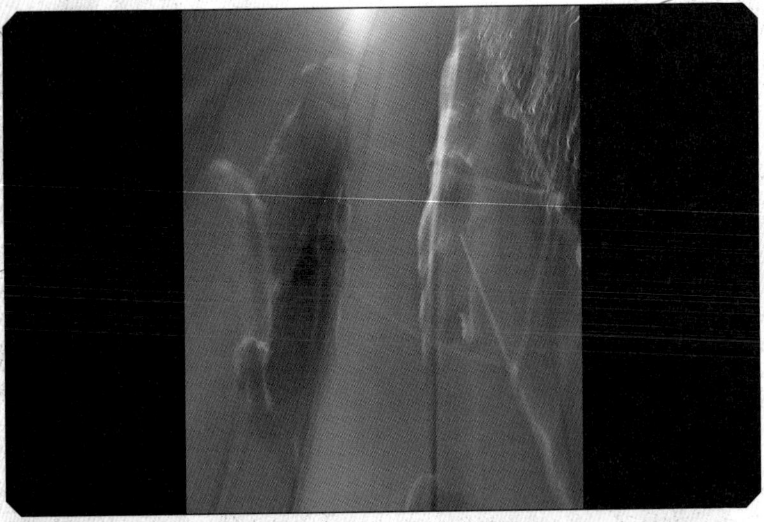

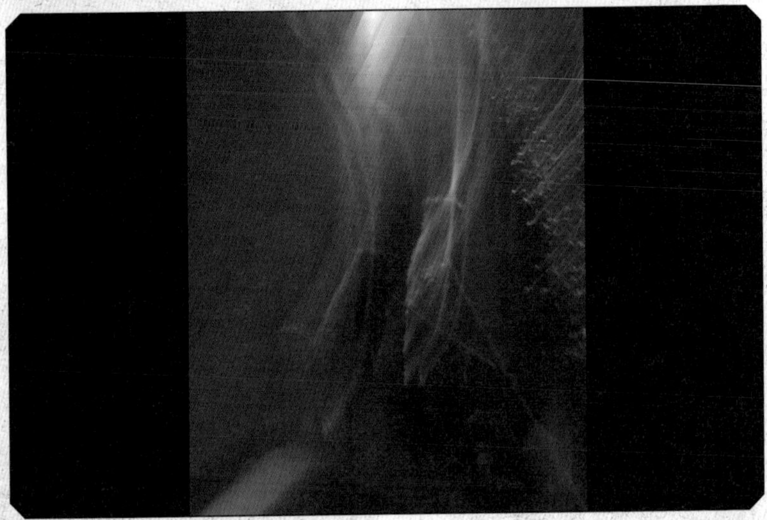

撮影日時　**クリスマス前**
撮影場所　**不明**
投 稿 者　**まゆゆさん**(群馬県)

クリスマス前にうちのワンコ達(2匹)をお散歩させていて寄り添って歩く2匹がかわいくて思わず写真を撮ったのですが、お散歩から帰ってきて見直したら思わず「え?」と声が出てしまいました。
5枚あるのですが、3枚はなんとか撮れています。
あとの2枚がとても不気味です。
その後、白い方のワンコは年末に階段を転げ落ち生爪を剝がしてしまいました…。
今は元気になり、2匹でお散歩しています。

皆口 
こちらが4枚目と5枚目です。

内田 
ええ!? なんとも不思議な。
ワンちゃんがスッてなっているのも不思議だけど、気になったのが、右側の細かい白いえのきみたいな…。これなんだろ?

長尾 
ブレなのかなと思いつつも、気持ち悪さがありますね。
最後の写真がここまで形をなさずに、ニュッと動いているっていうのは不思議です。異世界に吸い込まれてしまうんじゃないかっていう感じもします。

皆口 
生爪を剝がしてしまったけれど、今は元気になりました、とのことです。

内田 
ああ、良かったです。
動物に被害がある写真もめずらしいですね。

カラオケルームの先客

恐怖度1

撮影日時　高校生の頃
撮影場所　カラオケボックス
投 稿 者　匿名希望さん

この写真は私が高校生の時にカラオケボックスで撮られたものです。
私の横の壁は鏡なのですが、そこに写っているテレビ画面に口を開けた人のような顔が写っているように見えます。
カラオケの映像かとも思ったのですが、それにしては不自然なところに人が写っていると周りに言われ、気味が悪くしまい込んでいました。

#21 懐かしい気持ち

皆口　この写真すごいよね。投稿で頂いている部分以外にも、なんかめちゃくちゃ写っている気がする。画面の右下にまるっこいの写ってるでしょ？　それも顔に見えない？

長尾　あー！　大きい横顔？　右上にも顔がありますよね？　あれもこれもあやしい。
カラオケボックスとかスタジオって、集まっちゃうんじゃないですかね。よく霊の話ありますよね。
わからないですけど、ここ、いっぱいいるんじゃないすか？

レディースムンク

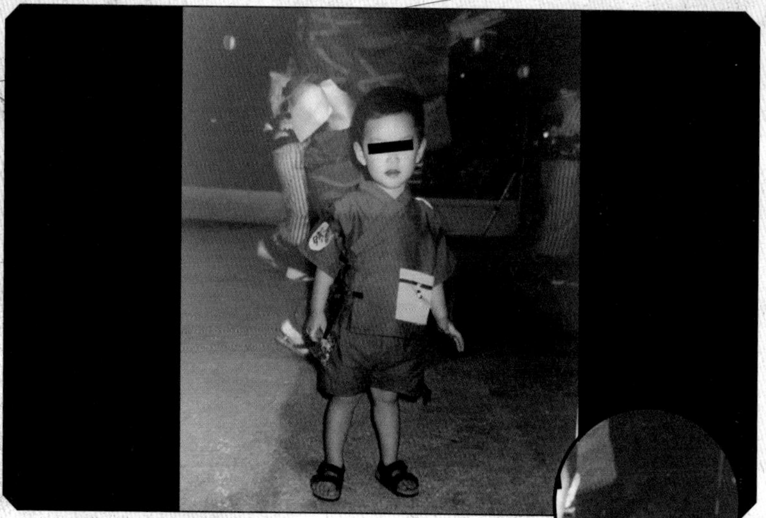

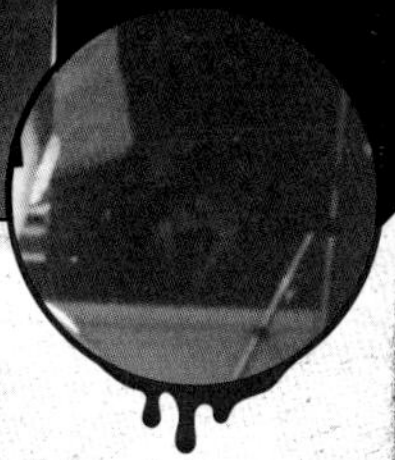

撮影日時　4歳の頃
撮影場所　お祭り
投 稿 者　Vocalist.Ke-Goさん（兵庫県）

恐怖度Ⅰ

#42 着物

僕が4歳の頃に撮った、地元のお祭りの時のお写真です。ふとアルバムを開いて懐かしさに浸っていたところ、目を疑いました。気のせいではあってほしいのですが、どう見返しても女性のムンクのような顔にしか見えません。
これといった何かがこれまで起きたことは記憶にはございません。また心霊スポットなども行ったことはありますが、これといって霊的なものを見たこともありません。
どうかじっくり見てほしいです。

長尾

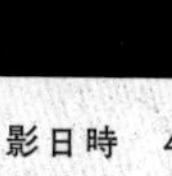

ほう、確かにこう口があって、目隠しされているような。顔が叫んでいる感じですよね。ムンクの『叫び』という作品の顔ですね。
何となく気になるのが、顔の上の黒い部分。ここがなんか目っぽいような…。
お祭りというと、お盆の時期ですかね。帰ってきたのかな？

怪談ライブ

恐怖度1

撮影日時　不明
撮影場所　表参道のカフェ
投稿者　匿名希望さん

私が経営する表参道のカフェにて、自ら怪談ライブを開催していた時のことです。知り合いが怪談中の私を撮影したところ、後ろに異常に顔の小さな男が写りました。

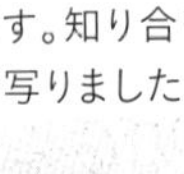

長尾

おー…。一見、人かなと思ったんですけど、普通の人であれば脚のあたりも写っているはずだと思いますので不思議な写真ですよね。あと、遠近感がおかしい。小人みたいな感じ。
怪談ライブの最中ということですが、怖い話をしている時ってやっぱり集まってくるんじゃないですかね。
でも、写っているものの表情は「呼んだ?」っていうくらいの顔のおとぼけっぷり。「え、俺?」って振り向いた瞬間なのかな?

ピアノ教室で

撮影日時　小さい頃
撮影場所　ピアノ教室
投 稿 者　ryoさん（大阪府）

小さい頃、通っていたピアノ教室で練習中に撮った写真です。
写っているのが小さい頃の私なのですが、右手の薬指と小指がどうも自分のものではないようなのです。不自然に長く、指先が赤黒いのが少し不気味な1枚です。
何年か後、私は指を切り、5針縫う怪我をしました。

長尾

おお、すごいなこれ。このくらいの年齢の指の長さってだいたい決まってるじゃないですか。左手と比較したら不自然な感じしかしないですよね。影も不自然というか、不思議ですね。
その後、怪我をされたということですので、なんらかの警告みたいなものだったのでしょうか。
…今もピアノがお上手であればいいなと思います。

サブチャンネルは突然に

Talk Part #0

皆口　はい、ということでやって参りました。落合駅。
―ピンポーン
長尾　…はい？
皆口　お疲れ様です。
長尾　…お疲れ様です。え、どうしたんすか？
皆口　今日撮影って言ってなかったっけ？
長尾　あー…え？　今日すか？　…え、ここでですか？
皆口　コンセントある？
長尾　コンセントはそこにあります。
皆口　ちょっと借りていい？　…しょうちゃん、しょうちゃん。
長尾　はい。
皆口　ちょっとテレビの前に行ってもらっていい？
長尾　ここ？
皆口　そうそう。ちょっと座ってもらっていい？　もうちょい（右に）…もうちょい。
長尾　もうちょい？
皆口　はい、ということで始まりました。**ゾゾゾのサブチャンネル！**　今回記念すべき初撮影となっておりますが。
長尾　はい。…ええ、え？　あ…これはもう始まってるんですね？
皆口　前に話したサブチャンネル、しょうちゃんがメインパーソナリティの。
長尾　はい。
皆口　ちょっと今日から始めたいなって。
長尾　はい。あれ？　他の人達は…。
皆口　ん？
長尾　他の人達…。
皆口　誰？
長尾　落合さんとか…。
皆口　呼んでない。
長尾　あ…まーくんも…。
皆口　まーくんも呼んでない。
長尾　あ…。
皆口　サブチャンネルやろうって話したでしょ？　落合さんとも相談したんだけど、毎回心霊スポット行っても大変じゃん。だからなるべくお金の掛からないところがいいんじゃないの？って。あ、じゃあ長尾くん家どうですかって。前しょうちゃんもチラッて言ってたけど、ここほら、家賃が安い。
長尾　…うん、そうですね。45,000円です。
皆口　番組で管理会社の方に空室とかもあったから家賃調べたんだけど…**この部屋だけちょっと家賃が安いんだよね…。**
長尾　ほおー…。まあ安いから選んだ部分もありましたけど…。
皆口　ちょっと（相場的に）破格だと思ってたでしょ?
長尾　まあまあまあまあまあ…そうですね。
皆口　なので、ここだったら撮影代も0円じゃない。
長尾　…そうですね。え?　他のところいくらくらい…。
皆口　ちょうど隣が空室なんだけど。
長尾　はいはい…今そうですね。
皆口　**15,000円くらい違った**けど。
長尾　…おーん。
皆口　まあ別に事故物件だとか言わないけど。
長尾　はい。
皆口　他と比べて家賃が安いっていうのは、事故物件的な雰囲気あるじゃん?
長尾　…うんそうですね。**…そうなんですか?**
皆口　だから、ちょっとここで動画いっぱい撮ってたら、幽霊が映るんじゃないのかな?　まあしょうちゃん嫌かもしれないけど、ここがもし心霊スポットだとしたら。
長尾　はい。
皆口　やっぱりゾゾゾでも使えるから。
長尾　うんうーん…。
皆口　だから、ちょっと今日からサブチャンネルやりつつ心霊現象をカメラに収められたらなっていうので、今日から始めたい。
長尾　あ…はい。
皆口　何か意気込み的なやつだけ、もしあれば。
長尾　楽しんでもらえるようには…頑張りたいと思います…けど、**これはずっと僕だけですか?**
皆口　うん。
長尾　…うん。

睨む男

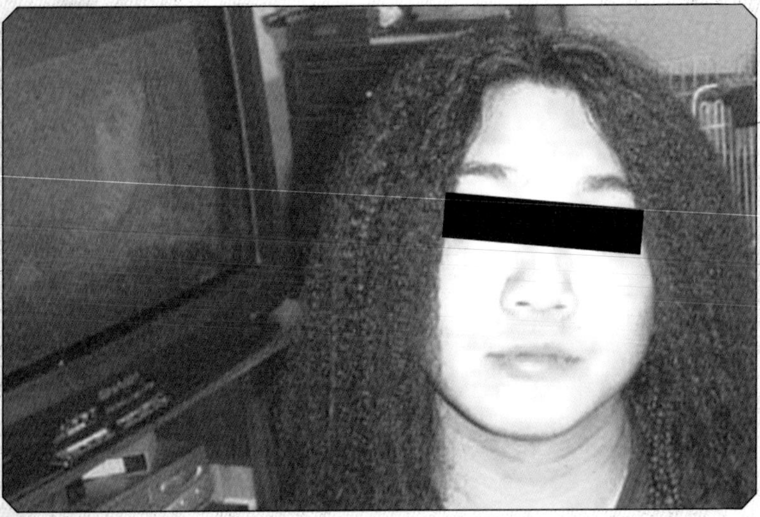

撮影日時　15年ほど前
撮影場所　自宅
投 稿 者　まだ～む。さん（千葉県）

15年くらい前、自宅にて夫の髪の毛をドレッドにするべく約2日かけて私が四つ編みをし、出来上がった時の写真です。すぐにわかると思いますが、点けていないテレビの画面で男性が睨んでいるように見えます。この男性、私が10歳の時に亡くなった父に何となく似てる気がするんです。でも、なぜ睨んでいるように見えるのか？　何を伝えたいのか？　知りたいです。
この写真を撮ってから夫の勤めていた会社が潰れて、転職するも数年で潰れて…。順調になってくるとどん底に落ちる。そんなことになっています。

皆口　これはすぐにわかりますね。確かに睨んでいる顔つきには見えます。

長尾　必殺仕事人みたいに見えますね。キリッとした方が怒っている感じはしなくはないです。何を伝えたいのかはわからないですけど、ちゃんとしろよって心配してくれてるんじゃないですかね。どん底の状態は現在進行形かな？　元気出して、気持ちを切り替えていきましょう。僕も頑張ります。

テーマパークのプールで

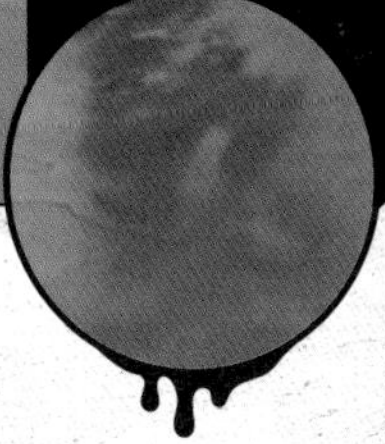

撮影日時　3年ほど前
撮影場所　愛知県のテーマパークのプール
投 稿 者　ガッキーさん（愛知県）

恐怖度1

3年ほど前に家族で、夏に愛知県のあるテーマパークのプールで遊んでいた時に撮れてしまった写真です。
母からLINFでもらったので、画質が悪くてわかりにくいですが、一番左の子供の下に人の下半身が写っているように見えます（ちなみにこれは自分です）。
自分の脚は僕の後ろに見えているので、僕の脚ではないことは明らかです。
撮った時は気づかなかったのですが、旅館に着いてから気づいて、衝撃を受けたのを今でも覚えています…。

#62 ビデオレター

落合　怖いっていうより、誰?って気持ちになるな。
両脚あってちゃんと立っている。お父さんの脚の形と似ているけど、距離が離れているから、写るわけないし…。

長尾　ひざの形がわかりますよね。影にしても気持ち悪いですよね。
あと、お父さんの脚の間にも手が出ているような感じがします。
太もものあたりをつかまれているような。いや、これはねぇ、怖いですよ。

消えたおばあちゃんの下半身

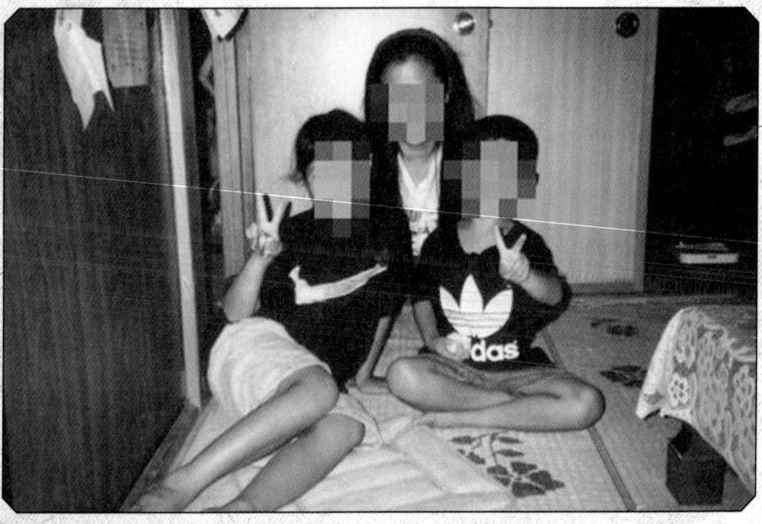

恐怖度1

撮影日時　子供の頃
撮影場所　不明
投 稿 者　ギギギさん（沖縄県）

嫁が子供の頃におばあちゃんと従兄弟と3人で撮った写真です。
左が嫁、真ん中におばあちゃん、右に従兄弟なのですが、真ん中のおばあちゃんの下半身が消えています。
おばあちゃんは特に何もなく元気です。

落合 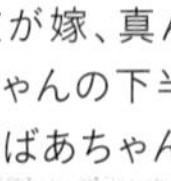
わー、本当だ。怖。背景の畳がちゃんと写っているから、透明じゃないと成り立たないよな…。

長尾 
すごいっすね、きれいに消えてる。
ヤンキー座りの形をしているとしても…おばあちゃんにしては、ちょっと腰丈夫すぎな気がしますし、やっぱりおばあちゃんの下半身が消えたんじゃないかなあ。
怖くはないけど、興味深い写真ですね。

落合 
…あと、どうしても気になったから一応言うけど、ナイキとアディダスなんだな。

不気味な客

撮影日時　2年ほど前
撮影場所　レストラン
投稿者　なおさん（滋賀県）

恐怖度1

某レストランで今から2年ほど前に彼女に撮ってもらった写真です。
ふざけて撮った写真なのですが、後に確認した時に後ろにポツンと座っている白い顔をして大きな口をした女性が写っていることに気が付きました。
ただ、この日はとても他の客が多く、満席だったのにもかかわらず、僕とこの白い顔をした女性だけが写っていたことにとても恐怖を感じます。
その人は一体なんだったのでしょうか…？

#63 虚無人間

山本　わかります。わかりますよ…うーん、なるほど。顔が腫れ上がっているような、そういう感じに見えますね。

長尾　よくファミレスの怖い話あるじゃないですか。3人で行ったのに水を4つ出されたり、逆に水が1個少なかったり。その後、水を出されなかったやつが事故ったりとか。
人がたくさん往来しているところには、そういうものが紛れ込んでいる可能性ありますよね。自分の席だと思いながら座り続けているお客さんもいるのかもしれないですね。

不思議な光

撮影日時　**平日の夜**
撮影場所　**温泉**
投 稿 者　**アマゴさん**（三重県）

よく遊ぶ友人と某温泉に行った時の写真に不思議なものが写っていましたので送ります。
平日だったので人も少なく、本来だとお湯を張っている足湯の場所にお湯もない状態で友人が面白がって足をつけるフリをしたりして写真を撮っていました。
その後、地元に帰ってお酒を呑もうと居酒屋に着いた時に、友人が財布を忘れたのに気づいて、またそこまで半時間ほどかけて戻った時に撮った写真です。
無事に財布もあり、喜んでいるところを写真に収めたら、本来お湯の張ってある場所から不思議なものが出ているのが写りました。特にそのような光もなかったのに、なぜか続けて撮ったものに移動する光が写り込んでいます。
財布が見つかったことを喜んでいるのでしょうか（笑）。
特に僕達2人には変わったことはありません。

長尾 

おお、これは不思議ですね。
「やったー！　見つかって良かった」というお友達の動きに合わせて、青っぽい光もひゅんって上に向かって動いている感じで、こっちも「やった！」って言ってるかのようで。
財布を見張っていてくれてたんですかね。「良かったね！」みたいな感じなのかなって思います。

皆口 

ちなみに長尾さんは財布を拾ったら交番に届けるタイプですか？

長尾 

もちろん。すぐに交番に届けます。たぶん。

とあるペンションで

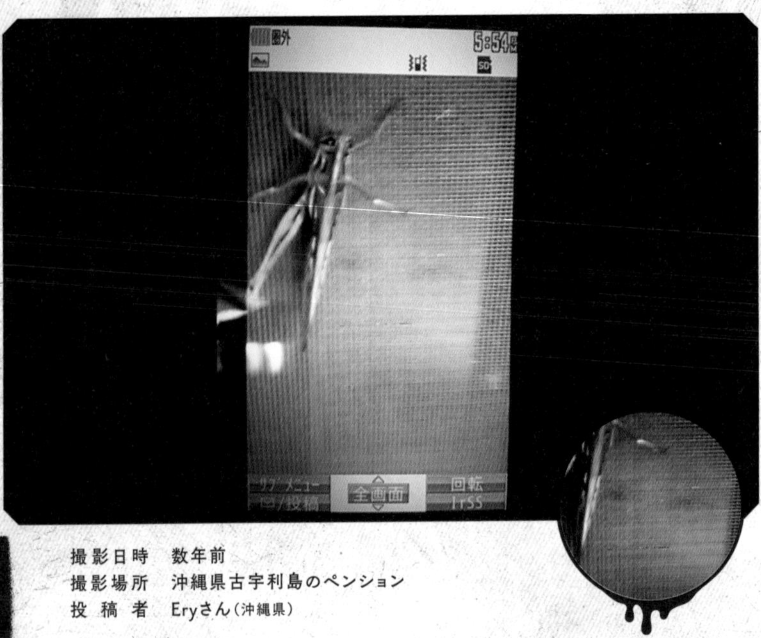

恐怖度1

撮影日時　数年前
撮影場所　沖縄県古宇利島のペンション
投稿者　Eryさん（沖縄県）

数年前に、沖縄・古宇利島の、とあるペンションを利用した際に撮影したものです。トノサマバッタを撮影する私と母。
数か月が経った頃、母の携帯で写真を見返した時に気づいたのですが、よく見るとバッタの片脚はなく、子供の顔が写り込んでいました。
写真を撮っていた時、私の近くにこの写り込んだ子供と同い年くらいの息子がいましたが、もちろんその時息子は近くを探検しており、写るはずがないのです。
ちなみに母は写真を見返すまでこの存在に気づかなかったそうです。

落合　うわっ！　いや、もう網戸にぎゅーっとくっついているくらいの近さだよね。でもくっついてない。

長尾　見てますね。これはめっちゃ怖い。だって網戸ですよね？　反射しないじゃないですか。窓ガラスならまだしも…。
バッタのサイズからいって、顔ちっちゃすぎないかな。目だと思っている部分が鼻の穴なのかも…。それはそれで怖い。近い！

冷たい滝から

撮影日時　心霊配信中
撮影場所　滝の近く
投稿者　東京都在住の霊に頼られやすいタクシードライバーのMACAさん（東京都）

動画はこちら。▶

恐怖度1

これは私が趣味としての心霊配信中、滝を見終わった後、ふざけてライトを下から自分の顔に当てながら歩いていた時に偶然、映り込んでしまった動画です。背後から忍び寄ってくる気配は全く感じられませんでした。既にTwitterへ投稿しているのでご覧になった方々もいらっしゃると思うのですが、心霊配信が終わった後、肩と首筋が痛い感覚だったのを覚えています。

#47 13日の金曜日PART2

長尾

光の強さや反射で起こる「フレア」とか「ゴースト」と言われる現象に近いのかなとも思いますけど、光の加減じゃなさそうな感じもします。フッと現れてフッと消えてしまうような。
後ろからついてくるというよりは、ご本人が抜け出るような感じですよね。ちょっとこれは不思議ですね。
まあ、場所が滝ですからね…。水辺は集まるって言いますから。それにしても、なんで水辺は集まるんですかね。三途の川とか…不浄なものとか流すからなんですかね。あと、湿気かな。

ライブハウスにて

恐怖度1

撮影日時　2019年6月19日
撮影場所　ライブハウス
投稿者　DISCORD SILENCEしゅんさん（北海道）

2019年6月19日、先日ライブ中の一コマで、ゲストボーカルの腕が消えました。何を暗示しているかは不明でしたが、不思議に思い、投稿させて頂きました。

#29 鍋

長尾

完全になくなってますね、これは。カメラの方に向かって手がまっすぐ伸びていたのだとしても、指とか見えますからね。スッと消えてる。
ライブハウスはそういう話がいっぱいありますよね。ゲストボーカルをされている方の腕ということで、手を伸ばして触れたいっていうファンの気持ちが、腕を取ってしまった…的なこともあるのでしょうか？　もしくは、人ならざるものも聴きたくなっちゃったのか…。
楽しそうにバンドやってていいんじゃないですか？
これからも頑張ってください。

文化祭

撮影日時　去年の文化祭
撮影場所　学校
投 稿 者　紫蘭さん（長野県）

恐怖度 1

今回お送りした写真は、去年の文化祭で友達と司会をしている時に他の子に撮ってもらったものです。
前を誰かが通ったのかと思い、今まで気にもとめませんでしたが、よくよく考えると下の方は何もないので不自然だなと思いました。よく見ると友達から出てるようにも見えます。

#72 遅刻

長尾 
お〜。「魔封波」みたいな感じですね。ブレなのかなと思いつつも、それだったら写真右下からブレがあってもおかしくないんですよね…。

皆口 
ちなみにこの白いの、体から出てるのか、向かってきてるのかっていったら、どっちの印象？

長尾 
うーん、最初出てるかなと思ったんですけど、見ていると覆いかぶさってきているようなイメージがありますね。でも、悪意があるようには感じないです。みんなの「文化祭、頑張ろう」っていう熱気かな。

アイン薬局で体調もだいじょうぶだぁ

Talk Part #14

皆口　「家賃の安い部屋」のお時間がやって参りました。
長尾　おはようございます。
皆口　しょうちゃん、ほっぺたにニキビが…。
不摂生な生活を普段してるから、顔にニキビができちゃったりするんじゃないですか?
長尾　**致し方なし。**
皆口　健康には気を付けてるの?
長尾　いや…特に何も。
皆口　エナジードリンク。
長尾　うん、大好き。
皆口　コーヒー。
長尾　大好き。
…まあ、この歳だとニキビじゃなくて吹き出物っていう言い方になりますからね。不摂生が肌に現れますからね。
皆口　お茶とか普段飲んでる?
長尾　ほうじ茶とか多いですね。麦茶とか、烏龍茶とか好きなんですけど、仕事上…結構飲むのが、お茶割り。緑茶割りとか、烏龍茶割りとか、そこらへんのその3つが仕事にすごくかかわりがあるので、もう…普通に飲むと**お茶割りの味がするんですよね、その3つは…。**
だから…プライベートで飲むんだったら、あったら好きなのがコーン茶とかそば茶。もう普段口にしないようなお茶とかだったら…。
皆口　**加藤茶。**
長尾　ペッ…す。
皆口　ぺじゃないんだよ!
ちょっと、この部屋の床にこれ。(床に置いてあった薬の袋を長尾に渡しながら)なんだそれは。
長尾　漢方っす…。
皆口　…この番組の視聴者の人はみんな知ってるぞ。長尾君は薬飲まない派だって。
長尾　(笑)。
皆口　それどこの薬局だよ?
長尾　**アイン…薬局…(笑)。**
アイン…いや、**志村の方っす。**

皆口　あのね…長尾君が薬飲まないって言うから「僕も薬飲むのやめました」「私も薬飲むのやめます」、そんな人がいっぱいいるんだよ。その傍ら自分はこっそりアイン薬局で薬もらってるんだよ…。どういうことだ！

長尾　うーん…。**ちょっとだけよ？**

（恐怖のお便り）

皆口　ということで。

長尾　はい。

皆口　これははっきりしといた方がいいんじゃないですか？

長尾　具合が悪かったら病院行きましょう。ちゃんと処方箋もらって、病院からね、頂く薬が一番効くんじゃないかなって思います。大事ですよ。うん。

皆口　ということで、しょうちゃんには今日も撮れ高の方を伺えればと思うんですけども。「家賃の安い部屋」、本日の撮れ高は…。

長尾　**バファリン。**

皆口　半分は優しさでできています。

長尾　優しい…くありたい。…何事に対しても。誰かを愛する時も。誰かを叱る時も。…でもバファリン、優しさでできてるのであれば、ちょっとは厳しさもあってもいいのかなと…。

優しいだけじゃ病気は治らないんだ。

皆口　何でもいいんですけど、ちょっと視聴者の方に一言謝った方がいいんじゃないですか？　黙って薬飲んでた件について。

長尾　…**だめだこりゃ。**

白い幽体

撮影日時　不明
撮影場所　不明
投稿者　藤井さん（神奈川県）

左から頭のようなものが出ているのと、変な白い影があるのがどうも気になります…。
もちろん、この時はここに何もいませんでした。

長尾　おお…なんか、ザ・幽霊…の写真みたいですね。
「頭が出ている」？

皆口　木の真ん中らへんの丸くなっているところ。木が下になるように向きを90度変えると、目と髪の毛が…。

長尾　…はあ！　おかっぱのような感じの！　木の後ろから見ている感じですね。
僕はぐるんと180度回転させるのかなと思ったんですよ。目と鼻と口と…。これ、いろんな見え方があるというか…。
単純にこれはめちゃくちゃ怖い。でもお化けっていうよりは妖怪の類っていう印象です。

斎場御嶽

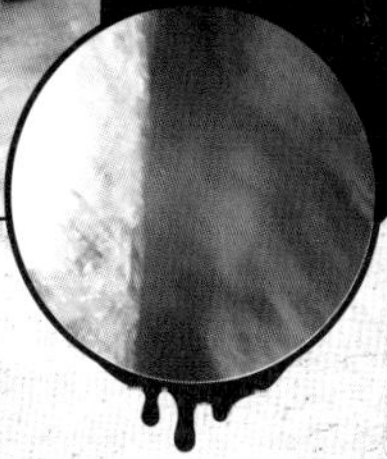

撮影日時　沖縄に移住してしばらく経った頃
撮影場所　斎場御嶽
投稿者　麦丸びよりのひよりさん（沖縄県）

恐怖度1

#42 着物

今回は何枚か我が家にある内の1枚を送らせて頂きます。
これは私達が今年沖縄に移住してきてしばらく経った頃、撮れてしまった写真になります。場所は、斎場御嶽（サーふぁうたき）という現在世界遺産となっている琉球王朝時代、国家的祭事が行われていた沖縄を代表する聖地です。そこで、観光客の方に写真を頼まれ、撮影したお返しに撮ってもらった中の1枚になります。iPhoneXでの撮影で、何枚か撮って頂いたのですがどれもピントが合わず、そのうち1枚に、目鼻立ちのはっきりした女性の青白い顔らしきものが写ってしまいました。

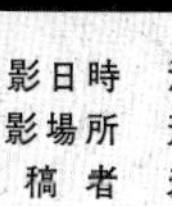

長尾

目、眉、鼻、口と目鼻立ちのきれいな女性の顔に見えます。見つけた瞬間「はあ…！」って思いました。
沖縄ということなんで、聖地とか、歴史があるところはそういうのが多いんじゃないでしょうか。
訪れる側も普段より敏感になっているというのはあると思いますが、確かに顔に見えますからね。やっぱりそういう不思議なものなのかなと思います。

最後のタイ旅行

撮影日時　2年前
撮影場所　タイ
投稿者　匿名希望さん

この写真は2年前、末期ガンの母と一緒にタイ旅行に行った時の写真です。
母の頭から煙のようなものが出ていると思います。
この後、母は2か月後に亡くなりました。

長尾

確かに煙っぽい感じですよね。
濃ゆい煙が出ているのか、入ってきているのか。エクトプラズムのような…。
お母さまが亡くなられたということで、ちょっとね、不思議な気持ちになりますね。

皆口

ちょっとコメントが難しいですね…。

長尾

難しいです。

不自然な友人

撮影日時　2年前の年始
撮影場所　高尾山
投稿者　なでなでなでこさん（東京都）

恐怖度 1

\#35
13日の金曜日

こちらの写真は2年前、年始の初詣で高尾山に登った時のものです。
高尾山頂上で、同僚が同僚を撮影したものになります。
この写真、おかしな箇所が数点あります。
①青いダウンパーカーの同僚の頭の位置が下にずれており、髪の毛の部分に顔がある。
②左足が細くなって切れている。影も変形している。
③同僚の顔の雰囲気が変わってしまっている（普段の彼の顔ではありません）。
④奥の柵の手前に立っているおばさんの体に穴が開いており、向こう側の景色が見えている。

長尾

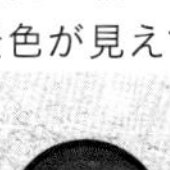

柵も左から右に落ちてるんですよね。きれいにバスンとずれているというか、時空が歪んでいるというか。パノラマ撮影でゆっくりカメラを動かすとずれることがありますけど、パノラマではなさそうですし。高尾山って霊山でしたっけ？　そういう場所は、何が起こってもおかしくないのかなと思いますね。

障りのある写真

撮影日時　夜の10時頃
撮影場所　窓辺
投 稿 者　りまさん（北海道）

飼っている犬が窓の淵（？）に立っている写真です。夜の10時頃で真っ暗だったのですが、1枚目はフラッシュを焚き忘れてしまい、ほとんど何も写っていない写真になってしまったのですが、窓にはっきりと赤い光のようなものが写っていました。その時は特に気が付かずにフラッシュを焚いてもう一度撮りました。2枚目の写真には特に何も写っていませんでした。
この写真を撮った時はまだ子犬だったのですが、子犬はほとんど患うことのない病気にかかりました。そして（写真とは別の）生後5か月の犬は突然の心臓発作で亡くなってしまい、まだ1歳になったばかりのハムスターは悪性の腫瘍ができてしまい、祖母は心筋梗塞を患い、主人の方の叔母さんはガンになるなど悪いことが続いています。
まだ他にも悲しいことがいくつかあるくらい良くないことがありました。
この写真が本当に心霊写真なのかはわかりませんが、この部屋にはこんなに明るく光るものは何もなく不気味で仕方ありません。手の形にも見えるし逆さまにすると顔に見えるような気がします。
この写真のせいで悪いことが起きてるなんて映画や漫画みたいでそこまで深くは考えていませんでしたが、一度気になるとどうしても頭から離れないので、ぜひ動画の方で写真に対する感想を教えてもらえたらと思います。

長尾

うーん、見え方によっては怖いですね。骸骨のような、ピエロのような。赤い光は俗に良くないものだとも言いますし、気になるのであれば、しかるべきところに相談するというのも大事なのかなと思います。
悪いことって続きますけど、逆にいいことも続きますよね。気にしないでくださいなんてことは言えないですけど、僕自身は気にしすぎない、「悪いこと重なるな」くらいにしか思わないようにしています。

恐怖度 I

#53 上を向いて歩こう

気持ち悪い写真

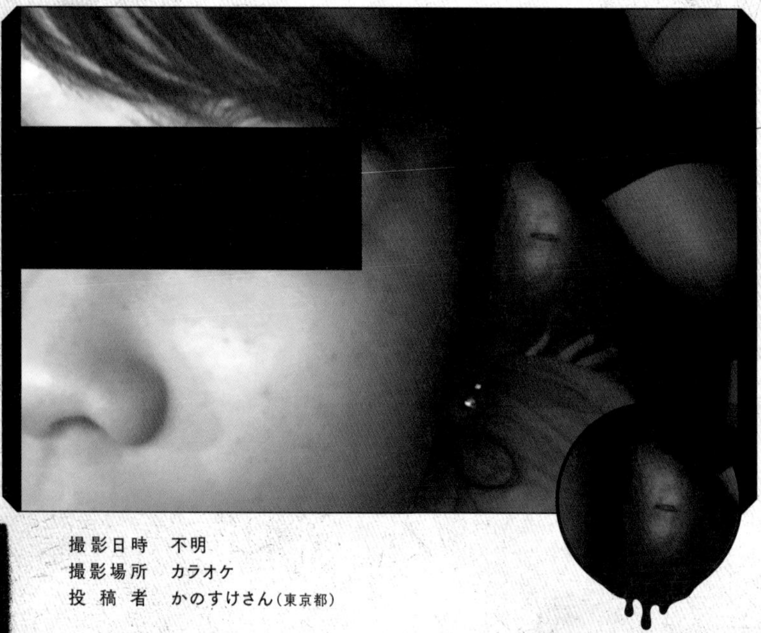

撮影日時　不明
撮影場所　カラオケ
投稿者　かのすけさん（東京都）

17歳学生です。この写真は私が友達とカラオケに行った時に不意に撮った写真です。明らかに変な顔が写っています。ソファの切れ目にも見えますが、覚えている限りそこに切れ目はなかった気がします。
上から撮ったとはいえ手の大きさも違和感があり、何かこの写真は変な気持ち悪い感じがします。

恐怖度1

#39
成人の日

皆口　あまり見ていたくないお写真ですね…。

長尾　これはすごいですね。何となく鼻っぽいものが見えたり、口っぽいものが見えたり。なかなかインパクトが強いですね。
何というか、変な話「悪意」を感じるような。そういう風に見えるということは、そういう風に見せようとしている何かがいるのかもしれないですよね。偶然というか必然というか。

後部座席から

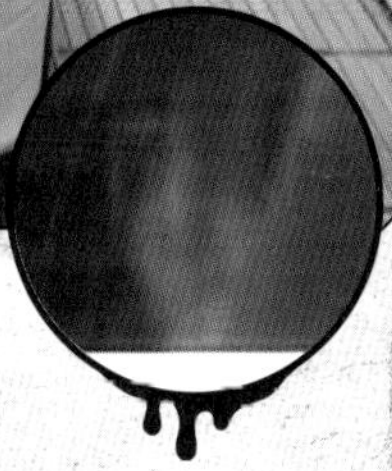

撮影日時　不明
撮影場所　不明
投 稿 者　市村さん（沖縄県）

恐怖度１

友人の彼氏の周りで女性の声か聞こえたり、姿が見えたりする事案が頻繁に発生した為、撮ってもらった1枚です。
おそらく、この写っている姿は女性なのではないかと思います。

長尾　うわー、んー、見てるっすね、こっち。

皆口　確かにちょっと顔に見える。おぼろげというか…。

長尾　面長ですね。シュッとブレていますけど、女性っぽいような感じですよね。
車につく霊の話もよく聞きますよね。心霊スポットに遊びに行ったり、通りかかったりした時に乗ってきちゃうとか。
それにしても、いい車ですね。

火傷でただれた人がいる

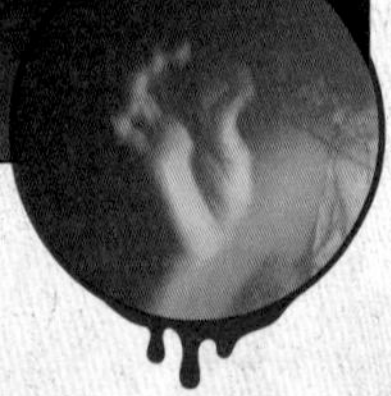

撮影日時　お盆
撮影場所　祖父の家
投 稿 者　ぴぴぴさん（茨城県）

お盆の時期に祖父の家で親戚達と花火をした時の写真です。
母のスマホで撮ってもらい、家に帰ってから写真を見返してたところ、母から「なんかこの写真変じゃない？」と言われ、知り合いに霊感のある方がいたので写真を送ってみたところ、その方曰く「暗闇部分に体の大部分が火傷でただれた人がいる（私には見えませんが）。その人は多分祖先の方で恨みの念が強く、その人の念もあり、家系的に火傷しやすいと思うから気を付けた方が良い」と言われました。
その話を母にしたところ、母の兄弟やその子供、また母本人もケロイドの残る大きな火傷を過去に負っているとのことでした。また、私も物心つく前に熱湯をかぶった経験があると聞かされました。処置が早かったようで痕にはならなかったようです。
今回の話で一番ゾッとしたのですが、その知り合いから「ぼやけてる右肘のところ、特に火傷に注意した方がいいよ」と言われたのですが、全く同じ箇所に母は昔大きな火傷を負っており、大きな痕として現在も残っています。
母の火傷の話は誰にも話したことがなかったので、偶然かもしれませんが少し気持ちの悪い話だなと思いました。

恐怖度1

皆口　たぶん、手前の指の形がおかしいですよね。

長尾　うん、ちょっとね、ぐにゃりと。ブレたとしても、こんなにはっきり写るかな。

皆口　「暗闇部分に体の大部分が火傷でただれた人がいる」と…。

長尾　火傷でただれた人は僕には見えないですけど、家系的に火傷しやすいとかはあるかもしれないですね。お写真自体は、すごくエモい感じで、いい写真だと思うんですけど、火には気を付けて頂けたらなと思います。

死人の足

撮影日時　4年ほど前
撮影場所　福島県の足湯
投稿者　敬さん（神奈川県）

4年ほど前に父と弟が福島に旅行に行った際に、足湯に入る弟を父が撮った写真になります。この時、足湯には父と弟以外誰も入っていなかったそうです。
家族で反射かな？という話にもなったのですが、それにしては色が違いすぎて不気味なので投稿させて頂きました。

山本 
おお…そうよね、そうよね…。完全に、だって自分の足ではないですもんね。え、なんでこんなの撮れるんですか？
あと水面の光の写り方が…ちょっと狐っぽく見えるんですよね。

皆口 
向きもちょっと違和感ありますよね。

長尾 
うーん、確かに水はけっこう「ここまで？」ってところまで反射して角度が変わることもあるとは思うんですが、色が生きている人のものじゃなさそうですよね…。
でも、足湯、温かそうでいいなと思います。

ずっと憑いてる

撮影日時　不明
撮影場所　ファミレス
投稿者　匿名希望さん（東京都）

恐怖度1

久しぶりに友達とファミレスで食事をした際に、撮影したものです。
閉店間際だったこともあり、この場にいたのは友達含めて3人だけでした。自分の携帯で撮り、2人に送ったら「なんかお前の髪型おかしくね？」と。その後、アップにして画像を明るくしたものが友達から送られてきました。女性の横顔的なものに見えて震えました。震えた理由はもう1つあって、以前女性の霊に憑いてこられたことがあり、その時の方にそっくりだったからです。
その後は特に何も起きていませんが、数日後、友達のバイクのお守りの紐が急に切れたとのこと、家で1人で電話している時、相手から「女の声がずっと聞こえるけど誰かいんの？」と言われたそうです。

山本　これ怖いのが、後ろに写っているとか、前にぼやけているとかじゃなくて、その人の中に溶け込んで、一体化している感じに見えてしまうんですよね。憑いてるっていうのは本当かもしれない。

長尾　お手紙に「その方にそっくり」ってさらっと書いてありますけど、女性の霊の顔がわかるっていうのがもう怖いですよね。電話で声が聞こえるとかも。その話、詳しくお聞きしたいです。

Column

家賃の安い部屋

部屋には物が多いんですけど、適当にかわいいなと思ったものをちょこちょこ買っては増えていっている感じです。一番のお気に入りは…テーブルの上に置いている雑多な物ですかね。普通に生活用品も並んでいますけど。ここはほぼ固定メンバーです。壁に

#1の番組開始と#SPの1周年のお祝いに落合さんから頂いた際どい下着。まだ履いてません。

ティッシュは「エリエール+Water」が好き。まとめ買いするので高く積み上がることも。

お気に入りのりんご型ライトとシーサー。どちらも頂きもの。

大解剖！

番組の撮影場所はメインパーソナリティである長尾の住む部屋だ。とにかく雑多だが、今もなお物が増え続けている。数々の心霊写真が映し出されたこの部屋のこだわりを長尾に聞いた。

はファンの方に頂いたものや好きな映画のポスターを貼っています。新入りのトラはゾゾゾの撮影の時に岡山で買いました。ここで心霊現象のようなものを感じたことはあまりないですけど、撮影中にやたらと救急車のサイレンが鳴るのは霊障ですかね…？

ゾゾゾ・夏の特別編先行上映会をやった時に作った初のゾゾゾグッズの1つ。ずっと飾ってます。

某量販店にポツンと置いてあって、かわいそうだなと思って購入した値札付きのエルモ。

ゾゾゾ・明野劇場で使ったアヒルの片割れ。実物は誰かが持ってる。

#0からはだいぶ物が増えて見た目が変わりましたが、ずっと同じお部屋です。

恐怖度＝

ぶら下がっている黒い手

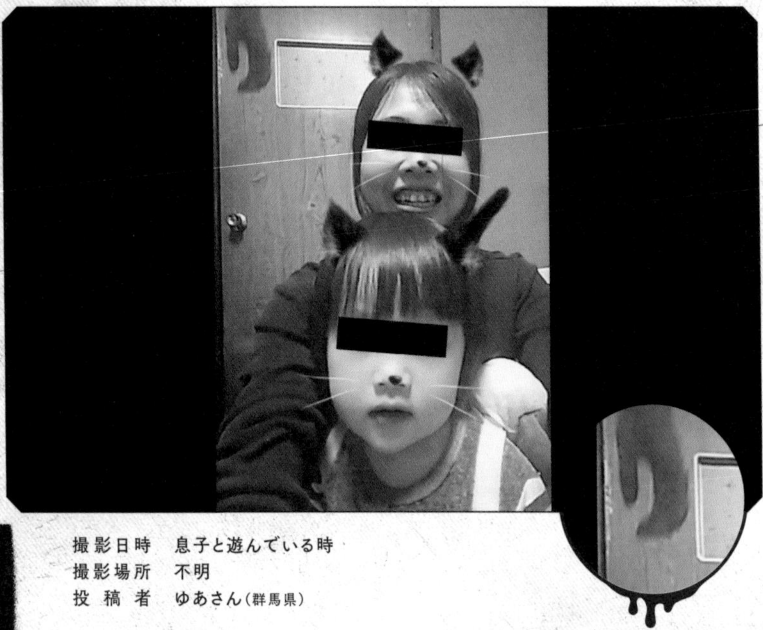

撮影日時　息子と遊んでいる時
撮影場所　不明
投稿者　ゆあさん(群馬県)

恐怖度 II

左側の扉の上から、手のようなものが映り込んでいます。
SNOWで息子と撮って遊んでる時に映りました。
息子がなんか映ってると気づき、その2週間後くらいに私の左手に大火傷をしました。

67 帰ってきた長尾

長尾

手ですよね〜。左…手ですよね、たぶん。ぱっと見ると何となく、ちょっと透けてるのかな?って気がしますね。後ろのドアの木目が見える気もして。
怪我に気を付けろよっていう警告だったのかもしれないし、そうじゃないかもしれないし。警告だとしたら、息子さんが気づいたということで、こういうのって本人が一番気づかないものなのかもしれませんね。

不気味な乗客

撮影日時　去年の紅葉シーズン
撮影場所　京都
投 稿 者　まみたすさん（大阪府）

恐怖度Ⅱ

去年の紅葉シーズン中に京都のトロッコ列車沿線のライトアップが実施されており、それを観賞する為列車に乗り込む前に撮った写真です。
顔（?）が大きく人間…なのか動物…なのか人形（?）なのか…何で例えれば良いかわからないんですが、見る度、不気味というか気持ち悪いというか…。何とも言えない感じですが、印象に残る1枚です。

#29 鍋

長尾

怖！　いやいや、怖いですよ。写っているものの顔色も悪いし…。最初気づかなかったんですよ。どこだろうって探したら「あ、そんな手前にいたんだ！」って。
人ならざるものという感じがしますよね。妖怪というか、魑魅魍魎の類というか、物の怪というか。鼻がつんとしていて、イノシシに近いものなのかな…。山の中ですし。京都自体がそういうものの現れる場所なのかもしれませんね。

20年前のあの顔

長尾　うわ〜、びっくりした〜。これ、ブラウン管テレビだと思うんですけど、画面が点いているところを写真に撮ると光の横線が入るはずなんですよ。それが写っていない。

皆口　この写真が何を暗示しているかは、さらに何年か後にわかるかもしれないですね。

撮影日時　小学生の頃
撮影場所　家
投 稿 者　モーリーさん(東京都)

私が小学生の時に妹を撮った1枚です。テレビは消していたはずなのですが、女性の顔がくっきり写っています。当時から実家では誰もいない二階から足音がしていたり、連日深夜にパソコンのキーボードをカタカタ打たれたり、母が夜中に空中浮遊をしたり、いろいろな現象が起きていたので、この写真が撮れた時も「撮れたわ」くらいで適当に引き出しにしまっていました。
20年近く経ってからふとその写真を思い出し、探して家族中で見て凍りつきました。テレビ画面に写っていた女性はなんと母の顔だったのです…。しかも撮った時から20年以上経った最近の母の顔です。なぜ当時に未来の母の顔が写ったのか、少し心配です。

長尾

それにしてもお母さんが夜中に空中浮遊するって、さらっと書くような内容じゃないですよね。写真よりもお便りの方に引っ張られちゃいますよ…。写真が撮れた時にも「撮れたわ」と引き出しにしま…わないでって。その話を1回お聞きしたいですね。

誰の足？

恐怖度＝

撮影日時　2018年
撮影場所　福島県の勿来海水浴場
投稿者　なっちゃんさん（栃木県）

2018年に福島旅行で勿来（なこそ）海水浴場に家族で訪れた時の写真です。
私は浮き輪の上に乗っていた為、水中から脚が出ています。娘は下半身は水中にありますが、向いてる方向が同じ為、ユニコーンの顔の下の部分にあります。
しかし、もう一本真逆の方向に足が写ってることに気が付きました。
大人サイズの為、娘の足だとは認識しがたいです。これは一体…。

皆口　これすごくないですか？　ちょっと唖然としちゃう。…違和感あるよね。

長尾　うわ、すご。体の方向と脚の方向、おかしいですよね。…こっちに脚伸びるかな？　…ないな。ここまではっきりと出てくるのがすごく不思議ですね。きれいに3本脚がありますね。
それにしても、水辺の心霊写真を見ると、怪我がなくて良かったっていうのは毎回思いますね。

白い顔

撮影日時　1年前
撮影場所　不明
投 稿 者　こうじさん（島根県）

1年前に、とある女の子らが集合写真を撮った時の写真です。
半年後に写真を見返したら異様に白いものがあることに気づいて拡大してみたところ、顔があることに気づき、写真を送ってきました。
写真を送られてきてから携帯がバグったりと不可解な現象が起きてます。

皆口　お気づきになられましたか?
目線がちょっと右の方を向いてますね。

長尾　うわ〜、いるな、ちっちゃい顔…。女性ですね。昔見たことがある心霊動画に出ていた顔に印象が似ている気がします。生気がない感じ。悲しげに見えますね。
携帯に不可解な現象が起きているとのこと…。ゾゾゾでも電子機器に障害が起きるっていうのはありますけど、あれってなんなんでしょうね。霊に実体がないのであれば、電波とか電気のようなものなのかな。

愛鳥の生き霊

ゆきちゃんの写真。▶

撮影日時　春先
撮影場所　家族旅行先
投 稿 者　塩さん（北海道）

春先でした。セキセイインコのゆきちゃんを飼い始めて、3か月ほど経った頃、家族旅行に行くことが決まりました。ゆきちゃんはお留守番でした。
ごはんもお水も不足しないよう備えてから（旅行に）行ったのでそこは大丈夫だったのですが、寂しい思いをさせてしまうなと、旅行先でもゆきちゃんのことばかり考えていました。
そして夜、旅行先でお祭りがあったので参加したのですが、私が携帯で妹と母を写したところ、2人の間にゆきちゃんのようなシルエットが…。
家族みんなで愛鳥を案じていたので、もしかしたら生き霊がついてきちゃったのかも？と思っています。

皆口　その後なんですが、「ゆきちゃんは今もピンピンしています！」とのことです。

長尾　ああ良かった。確かに写っているのが水色からの黄色いくちばしで、セキセイインコの色味ですね。かわいらしい…。最近、鳥飼いたいなって思ってるんですよね。こういう話は心温まりますね。

真っ赤な心霊写真

撮影日時　高校時代
撮影場所　不明
投稿者　ば氏さん（愛媛県）

恐怖度＝

#22 ネタ切れ回

自分が高校生時代、友達に写真を撮られた時にたまたま写ったやつです。
加工等はしていないです。
真ん中の方に女の子のようなものが写っている気がします。

長尾

おお〜いる〜。眼鏡の上あたりの部分ですよね。見てるな…。悲しげな表情に見えます。ちょっと、あんまり見ていたくないです、これ。
赤い写真は良くないって俗に言われますよね。例えば、フラッシュに指がかかってたりすると写真が赤くなることはあると思うんですけど、こういう風に全体的に赤くはなかなかならないんじゃないかな。
まず、この撮影した場所はどこなんですかね？　なんだか暗い場所ですよね…。

異界の気配

長尾

僕的には勝手なイメージですが、四角く囲われている中に顔があるような、寝ているような感じに見えるんですよ。テレビや映画の画面の中のワンシーンのようにも見えるし、棺桶にも見えるのかなって。
それにしても、いつも以上にムキになって撮ったって、その話自体が怖いですよね。普通撮らないですからね、隣の部屋は。

撮影日時　最近
撮影場所　有名温泉地の宿
投 稿 者　なんちゃんさん（千葉県）

最近行った有名温泉地の宿で心霊写真みたいなものが撮れてしまいました。この写真は実際に泊まった部屋の隣の部屋で、配置が気になりクリーニング済みだった為、撮らせてもらいました。連写して撮影しており、問題の写真は1枚目に写りました。最初は日差しが反射しているのかと思いましたが2枚目には写ってないので日差しではなさそうです。よく見ると顔が何個かあるようにも見えますが何なのかわかりません…。
あまり気にせずに過ごしていたのですが、数日後主人が運転する車で事故に遭い、その後も何度も事故に遭いそうになったり、主人の体調も思わしくなかった為、神社に行ってお祓いし、その後は何事もなく過ごしています。知人の霊感のある方に見てもらいましたが早く消した方が良いとのことでした…。また、主人が言うには、私はこの日、いつも以上にムキになって宿中写真を撮っていたみたいです。自分でも後から何であんなに撮ったんだろうと思うくらいでした…。

恐怖度 II

長尾

なんかここ気になるな…みたいなことってあると思うんですよね。でも、無性に気になる場所があったら、そこを見ない方がいいって言われたことがあります。それは向こうもこちらを「見ている」から。
気になるところは気になるなってくらいにしておいて、深追いしない方がいいのかもしれませんね。

もう1人の乗客

恐怖度II

撮影日時　朝
撮影場所　水子供養の神社の近く
投稿者　みみandよよさん（北海道）

お酒を飲んだ朝、タクシーに乗車した友人を外から撮った1枚です。
運転席付近に女性のような白い顔が写ってる気がします。
この時、乗車したのは後部座席に男性と女性の2名、ドライバーは年配の男性でした。乗車した女性はこんな位置にはいなかったです。
後ろにある神社（？）は水子供養で有名なので、何か関連があるのかとも思いましたが現状よくわからないです。

#30 マナーについて

長尾

すごいですね。完全に顔ですね。女性のように見えます。運転席の位置ではなさそうですし、サイズ感も小さすぎですよね。血の気がないというか、真っ白。映画の『ハロウィン』に出てくるマイケルとか、『犬神家の一族』のスケキヨみたいな印象です。
水子供養…何か悲しいお話もあるのかもしれないですね。

黒い霧

撮影日時　今年の1月
撮影場所　北海道のホテル
投 稿 者　のりしゃんさん（北海道）

恐怖度＝

今年の1月に北海道の某監獄の近くにある某ホテルに家族で泊まりに行った時の写真です。
写ってるのは息子なのですが、黒い霧みたいなのが写りました。部屋には、自分と息子だけで撮影しました。突然部屋の空気が変わった感じがしたのですが、気にしないで遊んでる息子を撮ったら写りました。
その後、良くないことは息子や自分には起こってません。
実は曰く付きと言われる某監獄のお墓の裏に泊まったホテルが位置しているとかで、もしかしたらその影響で写ったかもしれません。

皆口　これ、よく見ると前面だけじゃなくて、被写体になっているお子さんの後ろにもかかってるんですよね。

長尾　おお。ふわふわっと黒いモヤが…。なんらかの煙がそういう風に写ったようには見えないですよね。色が黒すぎますし、薄く全体的にかかっているような感じがしますし。某監獄のお墓の裏…。いろんな感情が渦まいているところなのかなと思います。

エア花見

Talk Part #48

皆口　「家賃の安い部屋」のお時間がやって参りました。本日は3月20日、春分の日でございます。春…春といえばお花見じゃないですか。

長尾　そうです。

皆口　今年は新型のウイルスが猛威を振るっているということで、東京都ではお花見自粛、と。お花見大好きっ子クラブ会員としては、ものすごい…ちょっと残念なんだけれども。

長尾　…そうですね。

皆口　ゾゾゾメンバーでお花見もできたらいいなって、ちょっと思ってたんだよ…。きれいな桜とお酒、そして美味しい…。

長尾　食べ物。

皆口　これは、長尾さんにごはん担当お願いしたら…?

長尾　もうね、**重箱ですよ。**5段にしちゃいますもん。(ごはん担当の長尾が考える、最高の重箱とは)やっぱなんかちょっとこう、元気が出るようなもの。唐揚げだったりとか、コロッケだったりとか。エビフライだったりとか。

皆口　それが…1段目?

長尾　これがね、1段目です。

皆口　それ、2段目どうなってるの、これ?　パカーッてもう1個開けたら…。

長尾　白身フライ。ちくわの磯辺揚げ。シュウマイ揚げたやつとかも美味しいんですよ。

皆口　白身フライと、ちくわの磯部揚げと、シュウマイ揚げがびっしり入っているのかな?　全然文句ないよね。

長尾　文句ないです、もう。

皆口　これ、しょうちゃん、もう**「…憎いねッ」**って言って3段目開けるじゃん。3段目は…?

長尾　ウインナー。焼いてあるの?　茹でてあるの?　…違うよ。**揚げてあんだよ。**タコさんウインナーだって、揚がってたら美味しいですからね。

皆口　大盛り上がりだよ、ここまで。うわー。揚げウインナーじゃん。(落合さんも)「やっぱしょうちゃん間違いないね!」って。

長尾　うん。

皆口　これさ…4段目、パカッと…。どうなってるの…?

長尾　たこ焼き。焼いてあると思ったでしょ?　…違うんだよ。**揚げてあるんすよ。**

皆口　…4段目は…揚げたこ焼きが…ぎっしり？

長尾　ぎっしり。**ファミリーパック。**

皆口　これはもうストイックに揚げたこ焼きしか入ってない？

長尾　しか入ってないっす。もう、味もソースのみ。

皆口　ここまで長尾さんの完璧な重箱で、お花見…たぶんMAXだよ。食べる前からMAXだよ。

長尾　テンション上がりっぱなしですよね。

皆口　まだ最後の5段目が残ってるんだよ。忘れてないよ？

長尾　うん。

皆口　開けていいのかな…？

長尾　開けちゃいます？

皆口　心霊写真の後に開けるか。

（恐怖のお便り）

皆口　ということでね、もう重箱も4段まで開けちゃってるわけだから。もうそろそろ締め。最後のね、5段目開けたいじゃん。

長尾　デザートですよ。

皆口　何が入ってるの？

長尾　**フライドポテト。びっっっしり。**

皆口　あ…フライドポテトだけが？

長尾　だけです。

皆口　最後にね、デザートで口の中スッキリして終わりたいじゃない。そこにフライドポテトなんだよと。

長尾　もうね、口の中がモソモソするっすよね。逃げ場ないっすからね。もうね。喉詰まっちゃって詰まっちゃって。

皆口　落合さん…歳だから、たまらず**そこらへんの草食い始めるんじゃないの？**

長尾　（笑）…いやいいんですよ、別に。（草食っても）ああ、いいじゃないって言って…うん。もう、盛り上がってるから。

皆口　それでは、本日も長尾さんには、番組の撮れ高を伺えればと思うんですけれども。「家賃の安い部屋」、本日の撮れ高は…。

長尾　**胃薬。**まあ…脂っこいですからね。

皆口　やりすぎたら、二日酔いと胃もたれのダブルパンチで翌日すごいことになりそう…。

長尾　うーん…たぶん家帰ったら吐くっすね。

祖母のアルバム

恐怖度!!

撮影日時　昔
撮影場所　不明
投 稿 者　カメラリウスさん（新潟県）

祖母と、昔のアルバムを見ている時に見つけた1枚です。
最初は、普通に人が写ってるんだろうなって思ってたのですが、だとしたら窓のどこに立ってるんだろうって疑問に思いました。もしかしたら不可解なものが写り込んでいるのではと思ったので送らせて頂きます。
祖母に聞いてもよくわからないと言います。皆さんはどう思いますか？
写真には祖母が写っていますが、今でも元気に生きています。でもなぜか、この写真を見てると私は両耳が痛くなります。

長尾

サイズ感がちょっとおかしい気がするんですよね。どういう建物なのかわからないですけど、手前の人達に対して、窓際の人は小さい気がします。ここは階段の踊り場なんじゃないかな。子供だからそこから乗り出しているのかも。危ない…。でも、小さすぎる気がする。悪意とかそういうのではなくて、ただそこに「いる」みたいな印象ではありますけどね。

いる

撮影日時　一昨年の正月頃
撮影場所　実家
投稿者　たこやきさん（埼玉県）

動画はこちら。▶

恐怖度＝

一昨年の正月くらいに実家に帰省した時に撮ったものです。歳の離れた弟と動画を撮って遊んでいました。右奥に脱衣所の扉があるのですが、そこの曇りガラスによくわからないものが映っていました。
ガラス越しにこちらを覗いている顔のようなものがあり、一度目線を逸らしてからまた覗き込むような動きをしています。もちろん脱衣所の電気は消えていますし、中に人は誰もいませんでした。
この不気味なものに関しては未だに何だったのかわかりません。とても怖いです。

長尾

いるな。いるんですよ。普通にいすぎて、逆にちょっとポカンとしちゃいますね。1回離れてもう1回近づくみたいな感じ…。もし人がこのくらい顔を近づけてたら、もうちょっと顔の輪郭とか目鼻立ちが見えてもおかしくないんじゃないかな。顔の部分以外は暗いじゃないですか。顔だけぬっと見えるのは不思議だなと思います。見れば見るほど、不気味ですね。

見てる…

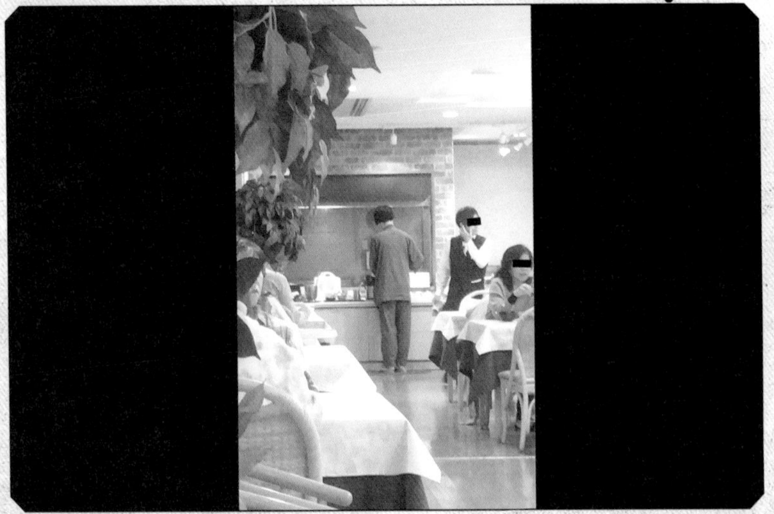

撮影日時　**つい先日**
撮影場所　**北海道の温泉旅館**
投稿者　**ながれさん（北海道）**

つい先日、北海道のとある観光地の温泉旅館に宿泊してきました。
夕食時に友人がバイキングの料理を取りに行ったところを何気なく撮影すると異様な写真が撮れました。画面中央のガラスに女性らしき姿が写っており、こちらを見ています。右に写っている女性が反射しているのだと思いましたが、影の濃さや角度から少し不自然な気がします…。
この写真を撮影する直前の写真もありますが、そこには女性の姿はありません。また、この写真から、かなりガラスに近い距離にいないと先ほどの女性の影の濃さにはならないことがわかります。
ちなみに、この夕食会場の入口の自動ドアが誰もいないのにもかかわらず勝手に開いたのも目撃しました。
この旅館には何か棲みついているのでしょうか…。

落合 
この影、最初に見た時からなんか変だなと思ったんだよ。女の人に見えるね。髪が長くて…。でも、人が立っているように見えるんだけど、人じゃないだろうなっていう感覚。後ろの背景と混じってほんのり透けてるし、表情も変だし。怒っている感じというか、目がつり上がっているように見えるな。

皆口 
下が直前のお写真になります。

落合 
なるほどね。右の従業員の方かな。影が薄いですね。
旅館に棲みついているのかは…うーん、わかりません。

長尾 
こっち、見てますね。位置的には、ガラスに近くないと映らないので、不思議な写真ですよね。夕食バイキングですからね。「ちゃんとみんな順番守ってるか？」くらいのポップなお化けであってほしいですね。夕食でも食べにきたのかな、とか。

怖い訪問者

撮影日時　不明
撮影場所　不明
投 稿 者　ソラミウさん（北海道）

真ん中に甥っ子がいて、向かって左横に着物を着た女性らしきものが。
録画をしているものを後で確認した時に映っていました。

落合

何これ、超こえーじゃん！　こんなはっきり映ります？　こんなことある？　なんか、ちょっと貞子を思い出したわ。訪問者だったら、絶対家に入れたくない。
距離感も変なんだよな。極端に小さい。小学生とかそれくらいの大きさに見えるよね。で、ものすごく髪が長くて服が真っ白。いわゆるザ・心霊写真。

長尾

これは怖すぎです。いたずらなんじゃないかと思ってしまうくらい…。ちゃんと着物を着ている感じがして、おどろおどろしいですよね。
わざとですもん。怖さがわざと！　このお化けが狙いすぎ！

虫がいる写真

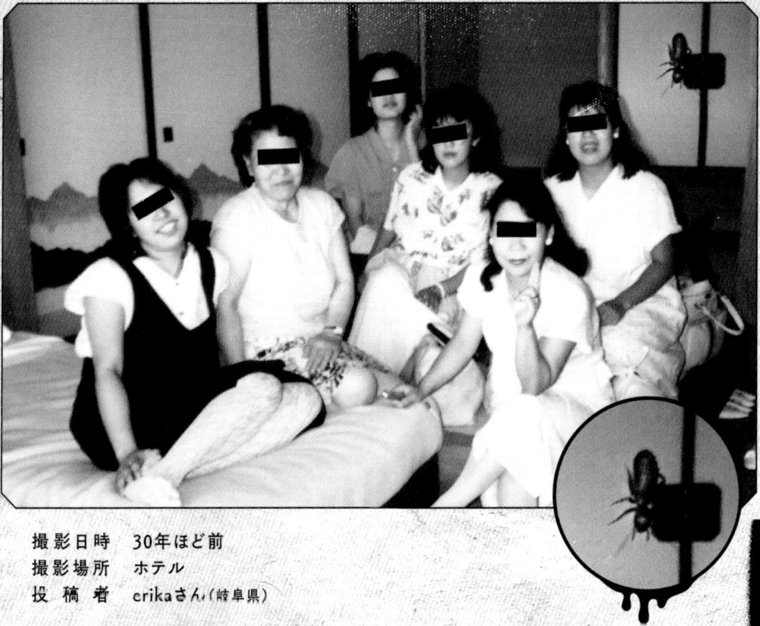

撮影日時　30年ほど前
撮影場所　ホテル
投稿者　erikaさん（岐阜県）

恐怖度II

30年ほど前に写したものになりますが、ずっと気になっている写真があります。これは社員旅行で出掛けた先の、ホテルの部屋で写した写真ですが、右上の押入れ（?）の扉のあたりにアリのような昆虫が写っています。
もちろん、現像されたものを見てすぐに気が付き、撮影者にネガを見せてもらって確認しましたが、この虫はネガの方にも写っていました。
この写真を写したことによって、何か起こった…という記憶はありませんが、あまりに不思議な写真なので見て頂けたら…と思い、送らせてもらいます。

#49 ニャッキ!

皆口 レンズに付いてるんだったら、お腹がこっちを向くはずだよね。

長尾 おー！　ほほほほほ（笑）。いるな！　うん、しかもレンズに付いてたとしたら、このくらいの距離感だとぼやけると思うんですよ。ネガにも写ってるっていうのも不思議。
これはなんか、昆虫博士に見せたいですね。もしかしたら本当に、顕微鏡じゃないと見えないレベルの虫なのかもしれない。

ヤバイ写真

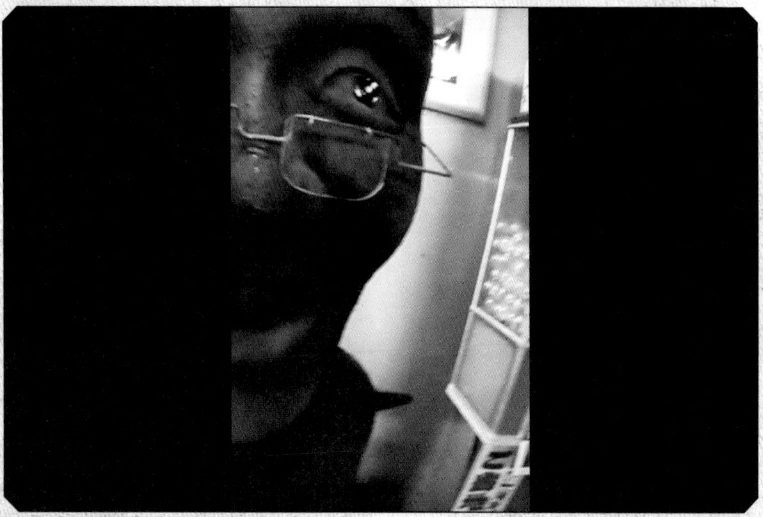

撮影日時　4〜5年前
撮影場所　不明
投 稿 者　冬兎さん（大阪府）

先日の「家賃の安い部屋」を観て、私にも、もう4年か5年前の撮影した覚えのない写真がスマホにあることを思い出しました。
撮影時間は昼間。当日3歳くらいの長男が触って撮影したものか？　テレビ番組の一部なのか…？　何なのかわかりませんが、スマホの写真整理をしていて恐怖でした。
2枚あります。古い映像みたいな感じも怖くて…。特に霊障があるわけではないんです。ただ長男はお化けがいるから自宅の二階が怖いとは言ったりしてます。友達や家族とは、「きっとテレビだ！」ということにしておこうとなりました。良ければ皆さんも見てください。

皆口 
1枚目は単体で見れば普通の写真なのかな?っていう感じはするんですが、2枚目が…。

昇尾 
うわ。これはびっくりしました。目が覚める…。
YouTubeで、元宮崎県知事の東国原さんのモアイ像なのでは…というコメントを見ましたけど、確かに似ている感じはしますね。けれど、モアイ像の色味が実際とは違いすぎますよね…。不思議です…。
1枚目の場所も南国感があるんで、もしかしたら宮崎特集とかをやっていたテレビ画面なのかなぁ。でもこの写っているお子さん、誰なんでしょうね。
いずれにしても撮った覚えがないのに、パッとこれが出てきたら怖いですよ。

黒い人

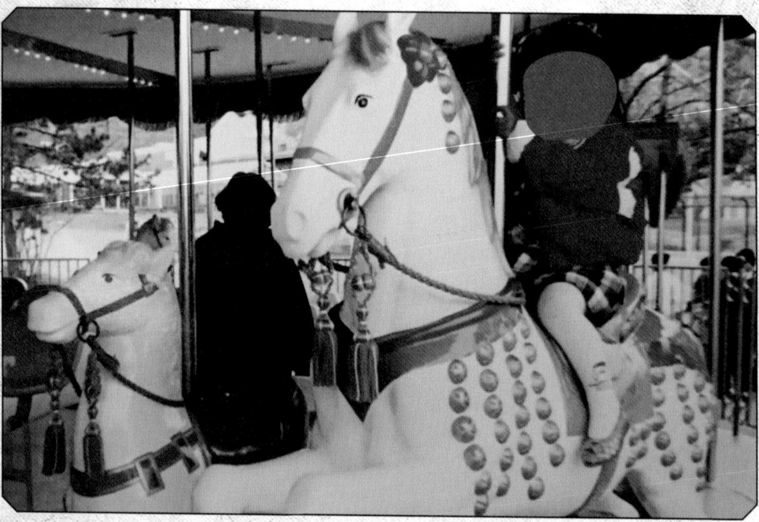

撮影日時　姉が小さい頃
撮影場所　遊園地
投 稿 者　心霊大好きさん（北海道）

恐怖度Ⅱ

姉が小さい頃行ってた遊園地で撮った写真です。当時姉が乗っていたメリーゴーランドには姉1人しか乗っていなかったらしいのですが、なぜか姉の後ろに大人が立っていた写真が撮れたそうです。大分昔の記憶なので、もしかしたら人が乗っていたかもしれないと思うと家族は言っていましたが、もしそうならば、なぜ立っていたのか、立って乗っていたら普通注意されると思いますし、逆光で黒くなったとしてもこの人だけ異様に黒すぎるなと思いました。
そしてこの黒い人に関して家族は全く心当たりがないらしく未だに謎です。

内田 
すげ！　めっちゃ真っ黒。この黒い染まり方は逆光ではあり得ないと思いますね。たぶん、こっち見てるんだろうな、後ろじゃなくて。

長尾 
いやー、黒いですね。余すところなく黒いですね。くり抜いたんじゃないかっていうくらい。黒すぎて光を反射しない塗料みたいな。シルエットからしかわからないですけど、何となく女性のような気もしますね。

異様な露光

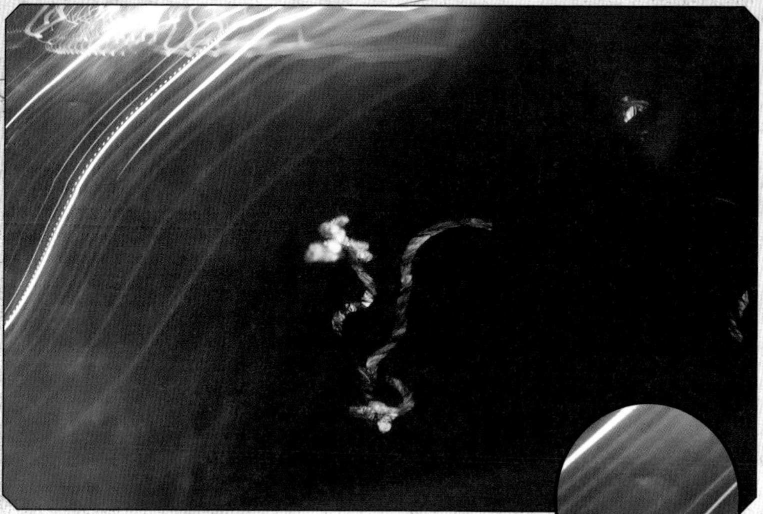

撮影日時　昨夜
撮影場所　中央高速を走行中の車内
投稿者　nobodyさん（埼玉県）

昨夜、中央高速を走行中、車内から月を撮影したところ露光の問題でブレて写った写真なのですが、一台で走っていたので、テールランプやブレーキランプの写り込みとは考えられない赤い光と、その中に目が写っていて気持ちわりーなーと思って投稿しました。
白いのは月だと思います。上の黄色い反射板の写り込みは月と同じブレのラインです。赤は明らかに違う感じがします。そして目だけブレていない…。

山本　これ目!? 本当だ。完全な目ですね、こっち見てるし。うわ…これ怖いですよね。赤いモヤの中に目って、なんか呪いみたい。
じっくり見ると…女性なんですかね？

長尾　確かに、白目と黒目がありますね。ぎょろっと。この赤はテールランプと反射板の赤であってほしいですよね。
こういう、光が流れるような写真とかけっこう好きなんですけど、光の機械的な流れの中に、生々しい目があるっていうのは気持ち悪さが際立ちますね。

Column

お留守番部屋

昔から、自分が好きで買ったものは手放したくなくて。手元に残らないのは寂しいじゃないですか。それが積もり積もってこんなことに…。写っていないところにも本やDVDが並んでいるんです。
壁一面本棚というのにすごい憧れていまして、ゾゾゾでお金が

左上のあたりに『読むゾゾゾ』が飾ってあります。ちゃんと本屋さんで買いました。

DVDは何枚あるのか…。ジャンルはホラーと音楽もの。映画はテレビで録画して観ます。

真っ暗で寝るのは苦手なのでライトを。在宅時は常に点けています。

大解剖！

お留守番回の撮影が行われたのは、ディレクター皆口の部屋だ。長尾同様に物が多いが、壁面が棚になっており、本やDVDがぎっしりと並ぶ。皆口に趣味が詰まった部屋について聞いた。

貯まったら家を建てたいんですけど、まだまだそれは叶わないので、壁に棚を打ち付けています。あとお酒が好きなので、目の付くところに置いているんですが、ウイスキーは5cmくらいの板に乗っけているだけ。この部屋、地震が来たら怖いなと悩んでいます。

この富士山麓は生産終了してもう入手できないので、いいことがあった時だけ飲むように。

普段怖い映像をいじってばかりいるので、目の保養、癒しの為にアニメグッズを何点か。

Amazon EchoでいつもNHKラジオを流しながら寝ています。

普通に、家賃は安ければ
安いほどいいです。

恐怖度Ⅲ

そこに佇む者

撮影日時　不明
撮影場所　母親の友人宅
投稿者　ロエンさん（群馬県）

撮影場所は母親の友人宅で、写っている人物は自分です。
特に霊障などはなかったのですが、この写真を現像した当時はテレビから髪の毛が垂れ下がっており、顔と思わしきものの表情も柔らかくはありませんでした。

落合　そう言われたらそうにしか見えないよね…。だってこれ、目とかはっきりとしてるよね。

長尾　わかった瞬間にブワーッときましたね。テレビが点いていたら、光の横線が入っているとかでわかると思うんで、これはおそらく消えている状態ですよね。

長尾

今見る感じでは、笑っているような、目も優しい感じに見えますけど、現像した頃はいったいどんな顔だったのかな。
変化する写真の話ってたまに聞くと思うんですけど、憎しみや怒りからいろんなことを経てもう許そうとか、緊張から柔らかくなるとか、そういうのはあり得るのかもと思いました。ただ単に「経年変化」では片付けたくないようなロマンがありますね。

深夜2時の撮った覚えのない写真

撮影日時　深夜2時過ぎ
撮影場所　不明
投稿者　くろぽんさん（山形県）

恐怖度III

1つ気になる写真があって送らせて頂きました。
この写真は知り合いのお母さんのスマホに入っていたものです。
こんな写真撮った覚えがないそうで、夜中の2時過ぎぐらいにシャッターが切られていたそうです。
朝気づいた時、不気味に思い、私の母に相談されたその時のものです。

落合 
うわ、何これ。白黒の空みたいな…感じ。
左の黒い雲の中に四角い建物がある気がするね。

皆口 
空の写真に何かが重なっている感じがする。

長尾 
右側に電線のようなものがありますね。でも深夜2時なんですよね？　どういう感じなんだろう、これは。
でも、僕的にはすごく好きな写真です。これがカラーだったら、すごくきれいな空の写真なのかなと思いますね。

母の写真

撮影日時　小さい頃（2年前に発見）
撮影場所　不明
投 稿 者　麗羅。さん（神奈川県）

恐怖度III

この写真を見つけたのは私の母が2年前に亡くなり、遺影の写真をどれにしようか探していた時です。
この写真は私の小さい頃の写真なのですが、当時の私と母の写真に50代くらい（？）の母の顔がさらに写っていました。この写真は何回も見たことのある写真で、以前は絶対に母の顔はありませんでした。母は病気のため10年以上寝たきりで亡くなってしまい、長い間会話することもできず、もしかしたら私のことを心配して写真に出てきてくれたのかな？と思ってしまいました。
しかもこの写真の母は寝たきりになる前の母なのもびっくりしました。
顔が笑っているので無事に成仏していてほしい気持ちでいっぱいです。

落合  怖！　鳥肌たったよ。確かに右側のお母さんの方が歳いってる感じ…。笑っているのが唯一の救いですよ、本当に。だけど怖い。

長尾  投稿者の方が、以前は確実に右側の顔はなかったとおっしゃっているんですよね。あったら「何これ？」ってなりますもんね。「元気だよー」ってことを言いたかったのかな。

血まみれの心霊写真

長尾

うんうん、血だな。血しぶきみたいなものが全体的にありますね。…時代を感じる写真ですね。ヤンキーからチーマーに変わった頃かな。僕が一番好きな世代です。
「不幸が連発し、心霊スポット巡りはやめました」とのこと。そうですね…人は事故とか怪我とか、痛みを感じないとやめられないんですよね。危ないですからね、心霊スポットなんて。

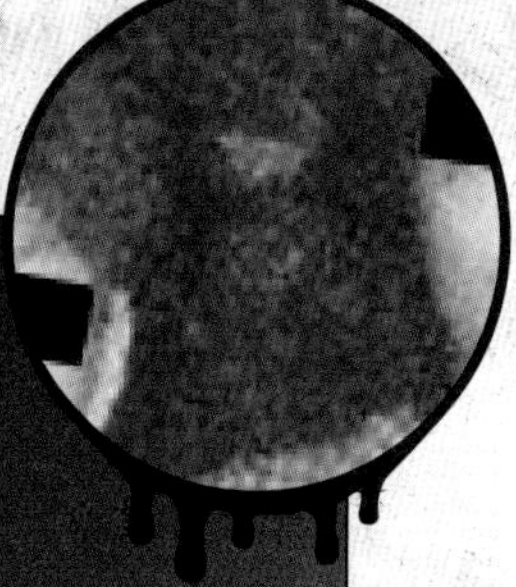

撮影日時　**20数年前**
撮影場所　**心霊スポット**
投稿者　**メメントさん（北海道）**

この写真は20数年前の写真です。当時、スマホやカーナビすらもなく…。毎年、夏になると心霊スポットの雑誌がコンビニに売られており、それを見ながらマップル地図を駆使し、親友のドライバーを自分がナビをするもポイントが見つからない場合は、心霊スポット付近のコンビニ店員さんに迷惑はかけないと約束し、辿り着いた場所で撮った（撮影してもらった）写真です。ちなみにこの時、同じく心霊スポット巡りをしていた方に撮影して頂きました。
写真の右は撮影して頂いた方の指の一部ですが、左には不気味な血しぶきのような模様があり、写真の自分（右から二番目）の顔の横に顔のように見える何かがあり…。後ろに木はあったがこんなものはなかったと当時物議になりました。
この写真の撮影後も懲りずに他の友達と心霊スポット巡りをしていましたが、数日後車の事故や怪我など参加したメンバーに不幸が連発し、心霊スポット巡りはやめました。

恐怖度III

皆口　心霊スポットなんて行くもんじゃねえと。

長尾　危ないよ。

夜の海

恐怖度III

撮影日時　何年か前
撮影場所　ハワイの海
投 稿 者　未夜さん（兵庫県）

何年か前にハワイに行った時のものです。
夜の海辺で遊んでいて、足が冷たくて気持ち良かったのですが、妙に気持ち悪くて海の方を見ることができませんでした。
その時に夫に写真を撮ってもらったのですが、あとで見てみるとフラッシュを焚いた画像だけ無数のオーブが…。

#66
内田が痩せた

内田

おー！　こんなにいっぱい写るの!?　家の中で埃が舞っているとかならわかるんですけど、砂がここまで舞うとは思えないですし…。オーブなんですかね？　…にしても数が多いな。

長尾

雨が降ってるわけでも、雪が降ってるわけでもないということですよね。なおかつ、気持ち悪くて海の方を見ることができなかったという…。ハワイは歴史のある場所ですからね。人間が近づいてはいけない場所、近づいてはいけない時間帯っていうのがあるのかもしれません。その境目にいたのかなと思います。

わたしがもうひとり

撮影日時　高校1年生の夏休み
撮影場所　青森県の公園
投 稿 者　えみさん（宮城県）

恐怖度III

心霊写真というと若干語弊もあるかもしれません（私的に）。周りは気味が悪いようですが、私自身は何ともない写真です。
写真は今32才になる私が高校1年で地元青森県にいた時のものです。工業高校で建築学部だったのですが、夏休みに先輩に「近くの公園で花火やるから！」と言われて行った時に、当時の彼からメールが来て（状況は今も覚えはあります）、彼へ返信してる時に撮られた写真でした。その時は花火に誘ってくれた先輩が撮影し、後日現像した後すぐ先輩に呼ばれ、この写真を見せられました。私と私がいる、不思議な写真でしたが、当時彼からのメールを返信しようとガラケーを見て下を向いている私と違い、もう1人の私は満面の笑みでカメラ目線です。心霊写真（？）として見せたりすると、人によっては「えみの顔じゃないよ」とも言われます。ただ透ける服など全く同じなのです。

長尾

笑ってますね…。目線なしの顔も拝見しましたが、僕はえみさんかなと思いました。頬や鼻の感じが。たぶん満面の笑みをされたらこんな感じじゃないですか？　えみだけに。自分じゃなかったとしたら、それも怖いですよね。せめて自分であってほしい。

2040年未来の旅

Talk Part #69

皆口　「家賃の安い部屋」のお時間がやって参りました。
長尾　こんにちはっす。
皆口　実は、重大なお知らせが1つございまして…。今…我々、20年後にいます。
長尾　お………そうです(笑)。
皆口　セミが鳴いてるでしょ?
長尾　うん…。
皆口　今現在、2040年8月になっております。
長尾　これ、でも…機械音声でしたっけ?
皆口　そう。今もうセミはほとんど死滅しちゃったから。
いや、それよりも長尾さん、あれ買ったの?　新しいiPhone…18だっけ?
長尾　iPhone18は、でも…もう5年落ちくらいですよ?　今あれですよ、34くらいじゃなかったでしたっけ?
皆口　iPhone34。
長尾　予約…しました?
皆口　いや…いまストレージでさ、悩んでて。容量。今…全部クラウドでしょ?　だからもう、本体の容量要らないんだよっていって、iPhone34、確か一番少ないので128MBでしょ?　ストレージ。ま、種類はあるよ?
長尾　そうですよね。
皆口　もう時代はクラウドだから。あと今、たぶんこれを観られてる方々、2020年でしょ?　2020年っていったら、4Gから5Gぐらいの話が出てた。
長尾　そうですね。懐かしいですね。
皆口　今、速い。
長尾　もう、速いとかじゃないですよね…もう越されてますよね。
皆口　YouTubeの…あの動画観ようかな…と思ったら、もう表示されちゃってる?
長尾　もう、なんなら「もう一度見る」の画面になってますから。
皆口　あ、もう再生し終わっちゃってるの?
長尾　もう、し終わってる状態で、「あれ?」っつって。
皆口　じゃあ…Googleマップも「○○駅行こう」って思って開いたら、もう到着してることになってる?
長尾　そうです。もう、到着してもう次のところに出かける予定まで入ってますよ。

皆口　便利な時代になったね。

（恐怖のお便り）

皆口　こんな時代もあったねと。マクドナルド。

長尾　うん、懐かしいですね。

皆口　だってもう、モスバーガーとロッテリアとファーストキッチンとマック、合併しちゃったでしょ？　名前なんだっけ？

長尾　あそこは全部ドムドムバーガーが吸収しましたね。だから全部今、ドムドムバーガーになってますね。あと、フレッシュネスも確か…あ、でもフレッシュネスは頑張ってるのかな？　まあ…でも今たぶん、もうドムドムに取られるんじゃないかなって思ってますね。

皆口　ということで、ドムドムバーガーの大ファン、長尾さんには本日も番組の撮れ高を伺えればと思うんですけれども。「家賃の安い部屋」、本日の撮れ高は…。

長尾　マジックハンド。あれあの、昔からあるじゃないですか。ここ（手元）でレバーをカチャッとやるとここ（先）がパコパコってなるやつ。あれって今でもあるんですよ。形変わってないんです。あれだけ。なんか、「遠いもの取りたいな」（ヒュッ）、「あそこ押したいな」（ヒュッ）。時代が経ってもやっぱり変わらないものってあるんですよ。耳かきは耳かきだし、孫の手は孫の手だし。マジックハンドはマジックハンドだし。

皆口　変わらないと思っていたのに、変わったものっていうのはいっぱいあるからね。その中でマジックハンドだけは変わらないんだよ…と。

長尾　そうですよ。

皆口　思ってるでしょ？　マジックハンド、Googleが参入するって。

長尾　Googleが…？

皆口　タッチパネル式らしいよ。

長尾　うわー不便。

皆口　指紋センサー付き。指紋、5回くらい登録して。ジャイロセンサーも付いてます。音声アシストAIも入ってます。

長尾　あら…もう、手ですそれは。

2枚の心霊写真

撮影日時　小さい頃
撮影場所　1枚目　川の近く／2枚目　旅行先
投 稿 者　とやさん（茨城県）

私の家にも心霊写真がないか探したら2枚ほど出てきたので送ってみます！
2枚目は私が小さい頃に旅行先で大好きなばあちゃんと一緒に撮った写真なのですが、全体的に気持ち悪いです…。
この写真を撮った後、変なことはなかったのですが、ここ3年で15キロ太ってしまったのは、これはきっと霊障ですよね（笑）？

皆口 
まず1枚目は片方の脚で立っているような。

長尾 
すごくわかりやすいですね。脚を折っているにしては不自然ですよね。腕もないし。水辺はいろいろ起こりますしね…。お2人は姉妹ですかね、かわいらしい。
2枚目、なんだこれ。完全におばあちゃんと後ろのお花が透けてかぶっていますね。地面も透けています。二重露光とか言われる写真に近いのかもしれないですけど、だとしてもどんな2つを重ねたのか不思議ですし…。
フィルムの感じも相まって、ノスタルジックないい写真ですね。

皆口 
ここ3年で15キロ太ってしまったのは霊障ですよね、とのことですが…。

長尾 
違います。

透明な男

皆口

手前の脚だけ写っている方が、たぶん投稿者の方ですよね。他に人はいなかったと。後ろの方、生気を一切感じないですね。

撮影日時　**3年前**(当時)
撮影場所　**中学校の前の公園**
投稿者　**あんみつさん**(東京都)

中学校の前の公園で友達と遊んでいた時に撮ったものです。
私がブランコの柵から飛び降りて走り出す瞬間の写真でした。その時公園には私と友達の2人以外誰もいなかったはずなのに男の人っぽい人が後ろに写っていました。でも、写真を撮った時には全然気づかなくて、後でアルバムを見た時に気づきました。また、私も少し透けてる気がします。今のところは特に悪いことは起きてないと思うんですけど、これは幽霊ですか?

長尾 

「透明マント」をかぶっているような感じですね。なんだろう、寂しげというか、うつろげ。
やっぱり境目ですよね。黄昏時を越えて魑魅魍魎の時間になる。
公園ってにぎやかだった昼間との差が激しいじゃないですか。
残像なのか、残っている何かが集まっている最中なのか。
うーん、危ない。暗くなる前に、おうちに帰ろう。

間（はざま）の一枚

撮影日時　不明
撮影場所　不明
投稿者　つきいろあかりさん（東京都）

写真整理をしていましたら、撮った覚えのない写真があり、何となく人の顔にも見えるので送らせて頂きました。
前後の写真は同じ日の昼の写真なので不思議です。

長尾　何かがスッと通ったような、吸い込まれているような感じのイメージはあります。

皆口　何か間を撮ってしまった？というようなお写真になっておりますね。

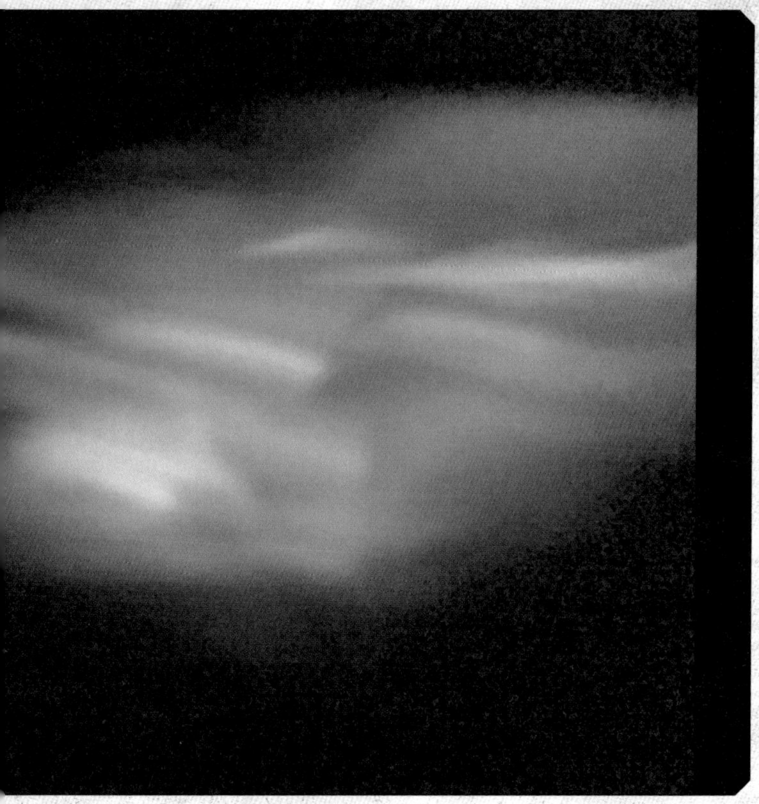

恐怖度III

#50 妖怪リモコン隠し

長尾

何だか、じっくり見てみると気持ちが悪いなって思います。ずっと見ていたい写真ではないですね。
得体の知れない不気味さ…。考えれば考えるほど吸い取られるという感覚です。

画像を保存しますか?

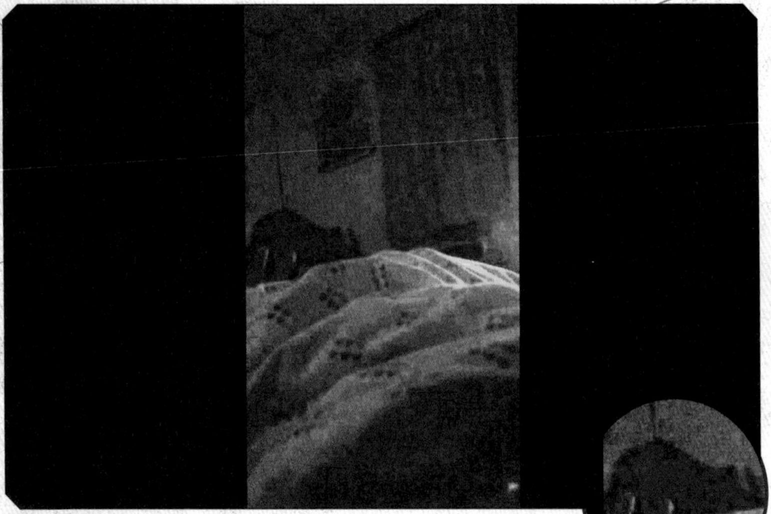

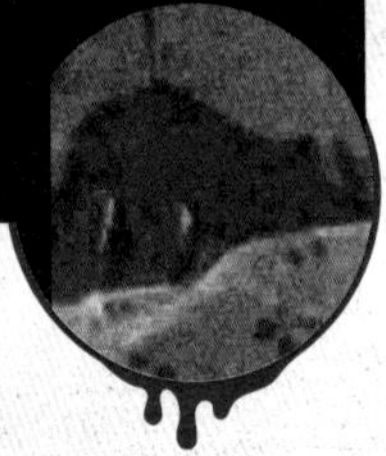

落合

うわ、めっちゃ手に見えるわ。奥の物体も説明がつかないし。「これなんだ?」って言われても、わからない…。

長尾

今僕めっちゃ鳥肌立ってます。はっきり手のように見えますよね。奥の影は、僕は髪の毛っぽく見えました。髪が長い…。もし影が机とかだったら、もうちょっとカクカクしてますもんね。黒い物体がぬっと、指を前に出しているような感じもします。

皆口

奥の手がガラケー投げたんじゃないかっていう想像もできる…。

長尾

あー、こうヒュッって?
そもそも何も見えない写真なのに、明度を上げたら見えるっていうのが怖いですよね…。

撮影日時　**10数年前**
撮影場所　**自分の部屋**
投稿者　**目潰しさん**（鳥取県）

今から10数年前、私が高校時代、当時まだいわゆるガラケーというものが主流だった時に撮影された写真をお送り致します。
撮影された時の状況なんですが、私自身はハッキリ言うと全く撮った記憶がないのです。と言うのもこの写真が撮影されたのは、まだ枕元に自分のガラケーを目覚ましにして置いて寝ていた時で、あくる朝目を覚ますと、なぜか自分の携帯が顔の上にあり、「画像を保存しますか？」という、写真を撮影した際に出る画面の状態になっていました。
「寝ぼけて変なことしたのかな」って、とりあえず写真を保存して見てみると、そこには真っ暗闇で何が写ってるかわからない自分の部屋が撮れていて、一応画像編集機能で写真の明度を上げてはみましたが、ガラケーの編集機能なので何が写っているかわからず、結局写真は放置していたんです。
それから10数年後の現在、ちょうど1年くらい前に自分のガラケーを古い荷物の中から発掘して、当時の懐かしい写真をパソコンに取り込んで見てみようとしたらその問題の写真がまだ残っておりました。当時は諦めたけど、パソコンの画像編集ソフトを使って写真の明度を上げたりしてみた結果、こちらの写真が映し出されました。
ハッキリと写真左側に鮮明に写ってる手のひら。そして手のひらの真後ろに黒い影のようなものがあるのがわかりますでしょうか？
この影のようなもの、写真の撮られた方角的に私の部屋にはこのようなものは置いていないのです。なのでこれを見ると、何か得体の知れない全身真っ黒な何かがこちらに手を伸ばしてるように見えて実に気味が悪いのです。
この写真が撮影されてかれこれ10数年にはなりますが、その間、私自身や家族や友人には特段何か怪我や病気をしたとかそういったことはありません。けれど、あまりにハッキリ手のひらとかが写ってて不気味です。

恐怖度III

元祖・家賃の安い部屋

Essay

「家賃の安い部屋」という名前の元ネタは、実は昔からありまして。

僕は高校を卒業してすぐに一人暮らしを始めたんですが、その時住んだ部屋がめちゃくちゃ家賃が安かったんです。急行も停まる駅から徒歩10分くらいで、ペット可ロフト付き。**共益費込みで2万8000円**。埼玉県とはいえ安いですよね。

当時、その部屋の生活を撮影するというムービーを皆口さんと一緒に撮っていて、ゾゾゾのサブチャンネルのタイトルを考える時に、大昔にやっていた「家賃の安い部屋」でいいんじゃないかという話になりました。

その元祖・家賃の安い部屋で、僕は一度だけ、霊と遭遇したことがあるんです。ゾゾゾでも話したことがないんですけど…。

当時、僕は猫を飼っていたんですが、家に帰ってドアを開けると勢いよく走ってくるんですよね。外に出てしまうと困るので、ドアを開けるとともに足でドアの隙間を塞ぐクセがついていました。

その日も帰ってきて、いつものように家の鍵を開けて足を出したんですけど、猫が走ってこなかったんです。奥で**ニャーニャー威嚇するように鳴いて**いて、どうしたのかなと思って見るとソファとテーブルの間に女の人が立っていて…。それが本当によくある白い服を着た、髪の長いベタな幽霊の姿でした。

あ、人いるわ…。

と思って一度ドアを閉めて、「俺んちかな？　いや、今鍵開けたし、俺んちだし」と思い直して、もう1回ドアを開けたらその瞬間、

ドアの向こう側の**ノブを掴んだ手**がニュッと出てきたんですよ。

「うわっ！」とドアを思いっきり閉めて、ダッシュでコンビニに駆け込んで。友達に電話して「やっべー、今幽霊いたわー、こえー」みたいな話をして、30分くらいですかね。鍵も開けっぱなしだし、とりあえず帰らなきゃと家に戻ったら、もう姿はなかったです。

それが人生で、唯一霊をはっきり見た経験でした。あまりにはっきり見たので、人間だったんじゃないかと言われることもあるんですが、白い服に長い髪の人がいたら…それはそれで怖いですよね。

恐怖度Ⅳ

みているよ

長尾

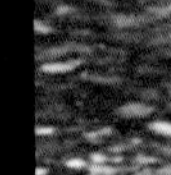

これはザ・心霊写真という感じですよね。人がいる位置のすぐ近くが砂利ですよね。それなのに胸元まで水に浸かれちゃうっておかしいなと思います。
夏は水の事故も毎年起きてるんで「気を付けろよ」っていうことで出てきてるんじゃないかなと…。そうであってほしいですね。

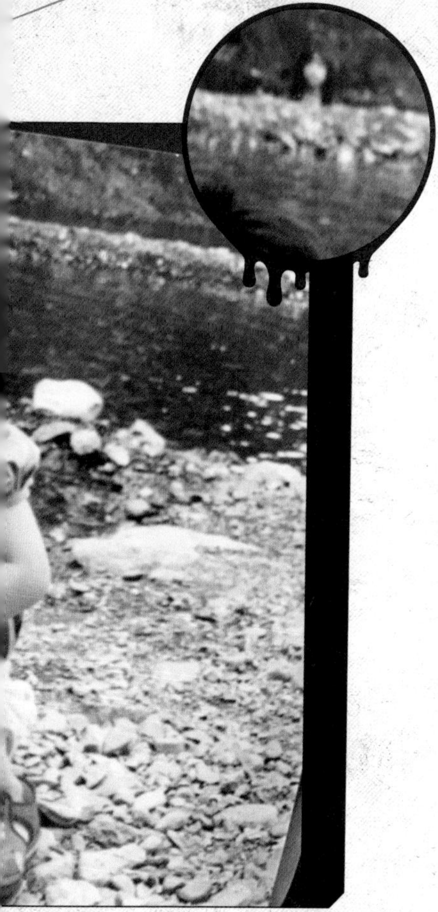

撮影日時　幼い頃
撮影場所　埼玉県の山
投 稿 者　てんちゃん（富山県）

これは、埼玉県の山に家族で水遊びをしに行った際に撮った写真で、最近、夫に私の幼い時の写真を見たいと言われたので見せたところ、すごく気味が悪いと言われ、はじめて気が付きました。
当時私も幼かった為、記憶が定かではありませんが、手前の遊んでいるところを見る限り浅瀬であったことがわかります。到底、大人の女性が胸まで浸かれるほどの深さはなく、仮に浸かっていたとしてもこちらをじっと見つめている姿が何とも不気味で気持ちが悪いです。ちなみに母親にもこの写真について確認してもらいましたが、「気味が悪いので早く捨てなさい」と言われました。
また、この頃の私は自分以外誰もいないはずの家の階段を上がる音が聞こえたりするだけでしたが、姉は夜中寝ている時に金縛りに遭い、腹の上に何かが乗ってきて首を絞められたと話していたことが何度もありました。

内田 

最初は向こう岸に人がいるとか、傾斜になっていてたまたまそんな感じに写ったのかなと思ったんですけど、よく見ると水面が奥の方にも見えるな…と。人がいるところだけへこんでいるというのもおかしいし、そう考えると首だけなのかな…。
怪現象が起きていたってことで、もしかしたら、そのまま憑いてきてしまったんですかね。今は何も悪いことが起きてなければいいですけども。

首だけの女

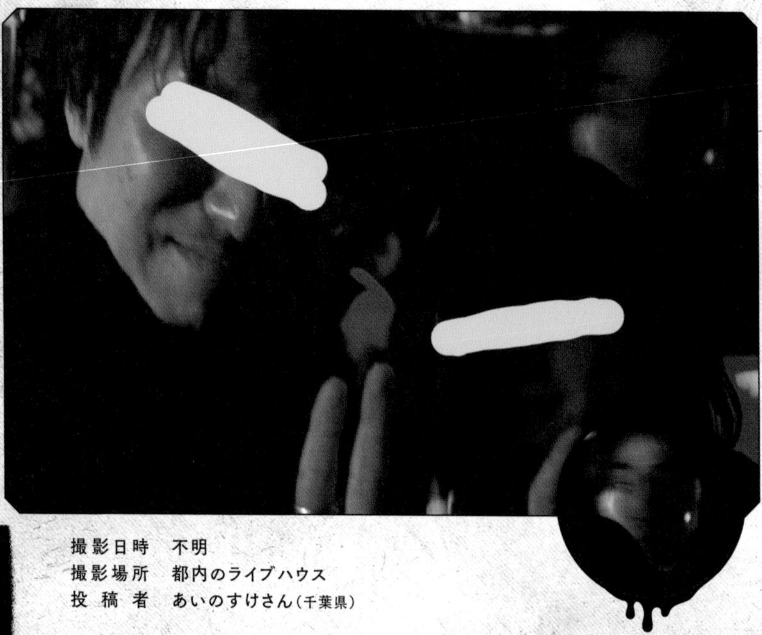

撮影日時　不明
撮影場所　都内のライブハウス
投稿者　あいのすけさん（千葉県）

恐怖度IV

都内某所のライブハウスで撮った写真なのですが、見て頂けますでしょうか。私の後ろに顔らしきものがあるのですが、サイズ感（距離感）や向きから考えて首から下、体の部分が見えないのが不思議で、一緒に写っている夫と心霊写真では？と話していた写真です。

落合　え、これだよね、真後ろ。すごくない？　目もおかしいよね。なんか…グルンって。

皆口　首しかないんですよ、本当に。

長尾　友達と一緒に撮っている距離感ですよね。こんな近いところに人がいるはずないし、実際に立ってたとしたら肩とかあるはずなのに後ろが見えているし。目も白目だし。
それはそうと、僕の知り合いに似ているなって思いました。

消えた友人

撮影日時　4〜5年前
撮影場所　地元の公園
投稿者　ザワワさん（埼玉県）

恐怖度IV

4〜5年前に友人達と地元の公園で写真を撮りました。
滑り台に7人、滑り台の隣に1人立っていたのですが、滑り台の隣に立っていた友人の膝から上が消えていました。
その友人とは…今でも週1で呑んでいます！

長尾

うわ〜これはすごいですね。足先とか手先とか、体の末端が消えるっていうのはよくあるじゃないですか。でもここまで大部分が消えてるっていうのは…。明らかに、いないですもんね。一生懸命動いてブレたとしても、こんなに消えないですよ。
透明になったり体が消えたりするのは、ちょうどそこに浮遊霊がいるからだって聞いたことありますけど。ご本人がお元気ということなので、たまたま通りがかったのかもしませんね。

曰く付きの施設から

撮影日時　不明
撮影場所　茨城県南部にある廃墟
投稿者　はんぺんさん（千葉県）

連続して撮影した写真の何枚かに、大きな目のようなものが写っています。写真の左の方に目が写っていますが、ものすごいアップで顔を写したようにも見えます。
茨城県南部にある廃墟を写したものです。国道沿いにあり、廃墟の後ろには大きな沼があります。以前にここを通りかかった際に建物の中で青白い光が跳ね回っているのを見たことがあり、写真を撮ってみました。
写真では施設の姿がわかりにくいですが、昔ここのオーナーが近所の学生に刺されて亡くなる事件が起きています。動機は「何となく人を刺してみたくなった」というようなものだったと記憶しています。この施設はその後に起きた東日本大震災で建物の一部が崩れてしまい、営業をやめてしまったようです。
建物の状態はかなり悪く、危険なので敷地内に入ったことはありません。

皆口

わかりづらいんですが、中央少し右側に見えるのがたぶん建物なんですよ。
そして、この左側の上、大きい目なんですよ。

長尾

あー…そういうこと！ あー…なるほどね。

皆口

レンズの前に覆いかぶさるように。

長尾

これは近いですね…。
最初、砂埃とか霧状のものがばーっと舞っているような感じなのかと思ったら、これが目なんだ。近くから見たら一瞬わからなかったですが、ちょっと離れるとわかりやすいです。これはすごく目ですね。
気づいた瞬間、ゾッとしました。もうレンズのすぐ前ですよね。これは怖いです。

憑いている女

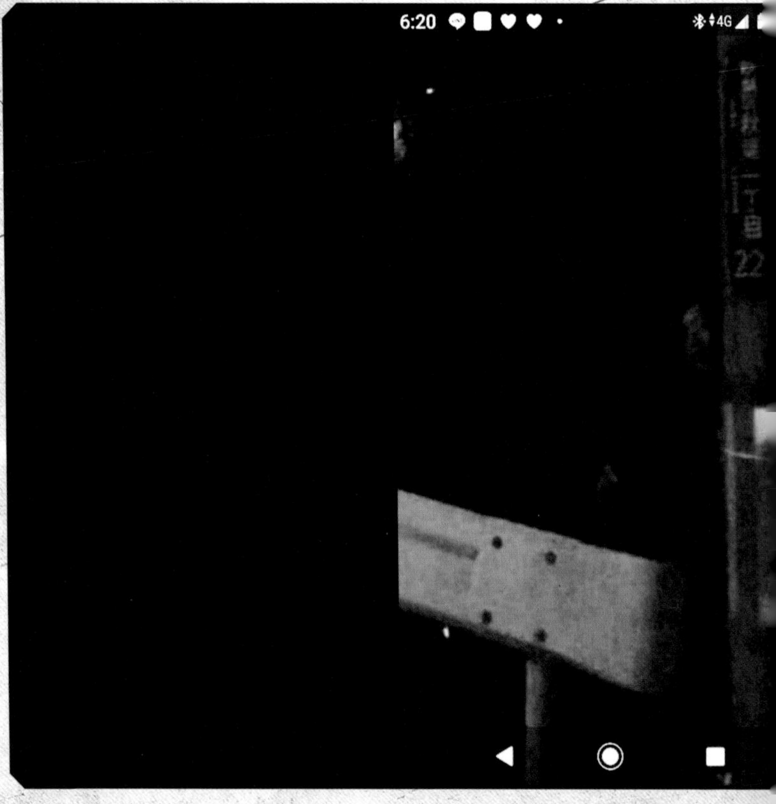

落合  何これ、怖！　鳥肌立った。めっちゃはっきり写ってるじゃん。これ、完全にだよね。

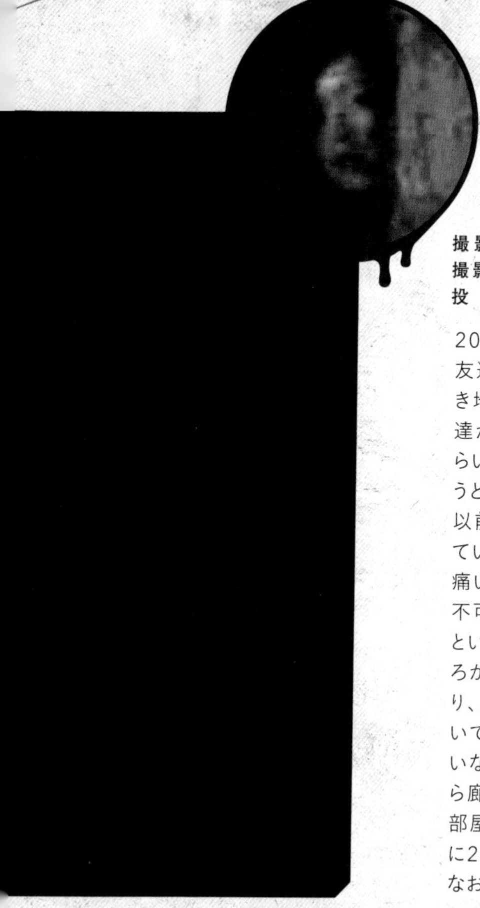

撮影日時　2019年7月末頃
撮影場所　住宅街の中の空き地の横
投 稿 者　優希優さん（新潟県）

2019年の7月の末頃、僕の彼女が友達と住宅街の中のちょっとした空き地の横を歩いている時に、ふと友達が「あそこに誰かいない？　…ほらいるよ！」と言うので写真に収めようと撮った際の写真です。
以前彼女と、日課の散歩を夜中にしている時に突然「肩がすごく重くて痛い」と言い出し、それからいくつか不可解な現象が起きていました。
というのも、1人で歩いている時に後ろから誰かがついてくる足音がしたり、立ち止まっていると誰かが近づいてくる音がして見に行っても誰もいなかったり、家にいる時も普段から廊下で足音がして自分（彼女）の部屋の前で音が消えたりなど…。週に2、3回程度そのようなことが今もなお起きております。

長尾

手がある。体は消えてるのか、闇に溶け込んで見えないですね。これ、よく写真に撮ろうと思いましたね。人だったとしても怖いですよ。でも不可解な現象があるってことなので、人ではないものなのかな。だとしたら、どうしたらいいんでしょうね…。完全に向こうも気づいて、こっち見てますからね…。

知らない人

恐怖度IV

撮影日時　1人でいる時
撮影場所　家
投稿者　みちゃさん（大阪府）

この写真を撮った時、私はこの家に1人でした。
猫が腕の中に潜り込んできて、かわいいなと何気なく撮った1枚に女性なのか…男性なのかわからない人が写り込んでいます。
ちなみに顔の手前の白いのは3人掛けソファーの背もたれ部分です。普通に立っていたら頭は照明のあたりになると思いますし、頭も大きすぎる気がします。
その後何かあったわけではないのですが、自宅の仏壇を入れるところに鍵が付いていて、その上に御札が貼ってあったのですが、この写真はそれをこじ開けて（貼ってあったお札を）破棄した直後のことでした。

長尾

うわ、気持ち悪い。これ、見ると鳥肌が立ちます。距離感がちょっとおかしい。ソファの背もたれ部分から顔が出ているとしても、人の写り方じゃないような違和感があるんですよね。のっぺりとしたような、貼り付けたような印象ですし…。

卒業写真

撮影日時　母の高校時代
撮影場所　不明
投稿者　きじとらさん（神奈川県）

私の母の高校の卒業アルバムです。
クラスの集合写真に霊らしき顔があり、とても不気味です。
アルバムが出来上がってからクラスメイトが気づき騒ぎになったそうな…。
この写真を投稿するのにスマホで撮影したところ、なかなか保存されずやっと保存できたと思ったら2日前に撮った（関係ない）写真になぜか上書きされてしまいました…。不思議です。

長尾

いっぱい顔がありますが…おお〜！　右上ですね。バーッと鳥肌が立ちました。一見すると、こけしみたいだけど、しっかり見たらおかっぱのような感じで。後ろの木から出てきたというよりは貼り付けられているような…。怖いな…。学生さん達より、もっと古い時代のようなイメージもありますね。
気持ち悪いものが写っても、卒業アルバムは大事ですよね。

私の息子について

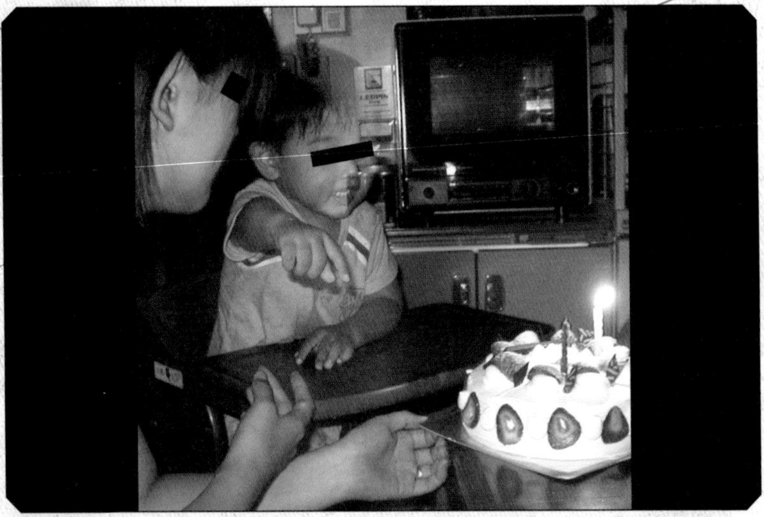

撮影日時　1枚目　息子の1歳の誕生日／2枚目　息子が小学5年生の頃
撮影場所　1枚目　夫の実家／2枚目　公園
投 稿 者　すいこさん（大阪府）

つい先日、子供達と古い写真を見返していたら、不思議な写真を見つけました。
これは私の息子が1歳の誕生日の時に撮影した写真です。場所は夫の実家で、デジタルカメラで夫が撮りました。
この1か月後にマグカップの熱湯を顔にかぶるという事故が起き、救急搬送され10日間入院しました。幸い火傷の痕は残りませんでしたが、当時私の不注意のせいで息子の手が届く場所に熱湯を置いたことを猛烈に後悔し、申し訳なくて毎日泣いていました。透明化や体の部位が消える写真は先祖や守護霊からの警告と言いますが、これを見つけて「警告来てたんだね！」と子供達とゾッとしてました。
そして2枚目があります。被写体はなんと同じ息子です。
これは息子が小学5年生の頃、[redacted]市にある[redacted]公園内で遊んでいる時に私がデジカメで撮りました。
この1年後、彼は学校で休み時間、クラスの子供たちと鬼ごっこをしていて転倒。鼻とくちびるの間を大きく損傷する怪我をしたり、中2からうつ病で不登校になったりしました。現在は高2になり、元気に高校に通っています。顔の怪我も幸い目立つ傷痕にはなっておりません。

長尾

ブレとかではなく、きれいになくなっている感じですよね。2枚目に関しては、襟元まであるのに頭部が全くない。
透明化や体が消えた心霊写真でよく言われるのが、警告とか、たまたま通った霊と重なっちゃったとかですけど、これは警告だったんでしょうか。今後も頭部には注意してほしいですね。だからって足元をおろそかにしていたら足に何かあるかもしれないですけど。全身注意！
そういえば、僕も顔の変な写真撮れたことあるな。あれも虫歯の警告だったのかな…。

戦慄迷宮へ行ってから

恐怖度Ⅳ

撮影日時　数年前
撮影場所　富士急ハイランドの帰りの車内
投稿者　いくるんるんさん（大阪府）

この写真は、富士急に戦慄迷宮の為だけに行った日の帰りの車内で撮った写真です。この後すぐもう1枚撮っていますが、透けているのはこの1枚だけでした。何か悪い霊的なものを連れて来てしまったのではないかと不安になりましたが、数年経った今も特に大きな怪我もなく過ごしていますが、やはり心配です。

#55 今日からお留守番

落合　えー、マジ？　だって後ろ写ってるぜ。目のあたりから先がもう、ない。透けてるっていうか、ない。ちゃんと背景写ってるもんね。これはヤダな…。これが撮れたら消すね。

長尾　本当にすごい写真です。この人が急に大きく動いたようなブレはないし、頭の上部分だけがブレるってあり得ない。やっぱり戦慄迷宮には何かあるんじゃないかと思っちゃいますよね…。小道具とか本物が置いてあるらしいですし。
僕、お化け屋敷嫌いなんですよ。怖いじゃないですか。よく「もっとガチなところ行ってるじゃん」って言われるんですけど、心霊スポットではワッとか驚かされないですから。たぶん…。

父のとある40年前の写真

撮影日時　40年ほど前
撮影場所　曰くつきのアパート
投 稿 者　さよなら18ちゃんさん（大阪府）

恐怖度Ⅳ

#44 バレンタインデー

父が40年ほど前に一人暮らししていた曰くつきのアパートで撮った1枚です。左の女性の頭部から肘が出ているのですが、写っている人以外、後ろには誰もいなかったそうです。
この時父は若かったこともあり、車で心霊スポットなどに行っていたそうで他にも多数写真はあるのですが、この写真は危険性は少ない、とのことで父に了承を得て投稿させて頂きました。
憑いてきちゃったのか通りすがりかわからないですが、撮影後も特に何もなかったとのことです。

長尾

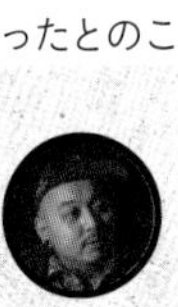

おおーーー気持ち悪い！　これはすごいな。肩の位置と腕の位置がおかしいですし、人間なら腕長すぎでしょってなりますね。角度も変ですし。この右の人の腕だったとしたら、この位置に肘はこないでしょ。
「この写真は危険性は少ない」…ぜひちょっとね、他のも拝見できるものならさせて頂きたいなという気持ちがあります。

覗き込む顔

山本

ちょっと待って！　ちょっと…。一瞬しか見てないですけど、脳裏に焼きついてます。これが人間だとしたら、顔が白すぎて…。おみくじのところみたいですけど、こんな人形は置いていないですよね。これがあるところのおみくじは引きたくないです…。

撮影日時　不明
撮影場所　不明
投 稿 者　酒飲みさん（北海道）

先輩の名前があったので撮ったら
怖いものが写りました…。
絶対あり得ない場所なので怖かったです…。
写真撮った人は今消えました。

恐怖度Ⅳ

#57 ゾゾゾの呪い

長尾

めちゃくちゃ怖いです。能面のような、でも赤ん坊のようなイメージもあります。お面みたいな感じの顔に見えますね。
それに加えての「写真撮った人は今消えました」という文言が怖すぎますね。撮影者の方と投稿者の方が違うのか、はたまた先輩が消えたのか、ちょっと含みがありすぎて。

知らない女性

皆口　なんかちょっと心なしかこっちを向いているような…顔だけ。

落合　横顔が徐々にっていうか…こっちを向こうとしているようにしか見えない。ラップ音が止まらずって…憑いてきちゃった可能性ありますよ。下も完全に脚だもんね。

撮影日時　春の夜
撮影場所　京都
投 稿 者　ままままさん（千葉県）

家族で京都に行った時、ライトアップされた桜をバックに撮った1枚です。
人通りがなくなったのを確認して撮ってもらったのですが、自分の背後には知らない女性（?）が写っていました。
家に帰ってからラップ音が止まらず、盛り塩をしましたが、盛り塩の皿が割れました。怖くなりお祓いに行きましたが、まだ、部屋に誰かがいる感じがします…。

恐怖度IV

長尾

他の部分は消えているのに、この脚だけピターッと、靴の光沢が見えるくらい止まってるんですよね。こんな堂々と、バシッと写り込むことはなかなかないですよ。もともとそこにいたのか、桜の何かに引き寄せられたのか。いろんな怖い想像ができますね。桜が一番満開の時なんじゃないでしょうか。なんだかCDジャケットとかにしたくなるようないい写真ですね。

目目目

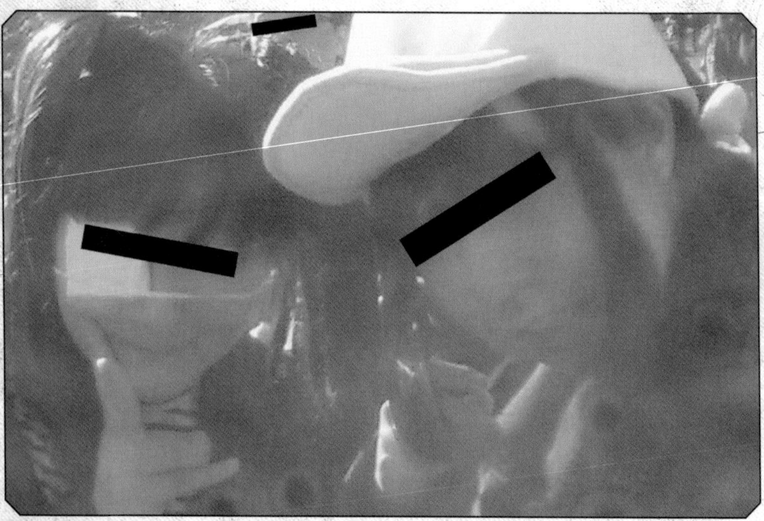

撮影日時　数年前
撮影場所　テーマパーク
投稿者　るかすさん（長野県）

数年前の某テーマパークで、ポップコーンで並んでる時に撮れた写真です。同じところで撮った他の写真にはない赤い目のようなものがこの1枚だけに写ってしまいました。心霊写真かはわかりませんが…。
眼帯をしているのですが、この写真が撮れる1日前あたりから右目を負傷していたので何か関係あるのかなと思いました！

長尾 

おーう！　すごい見てる、めっちゃ見てる。ていうか怖！
ちゃんと目っぽいんですよね。1個1個形も違いますし。ちょっときれいなイメージもありますね。くじゃくの羽のような。どういう風にしたらこんな写真撮れるんだろう。
右目を怪我されていたとのことなので、心配で何かが見にきたのかな？　「目、貸そうか？」って。

知らない赤ん坊

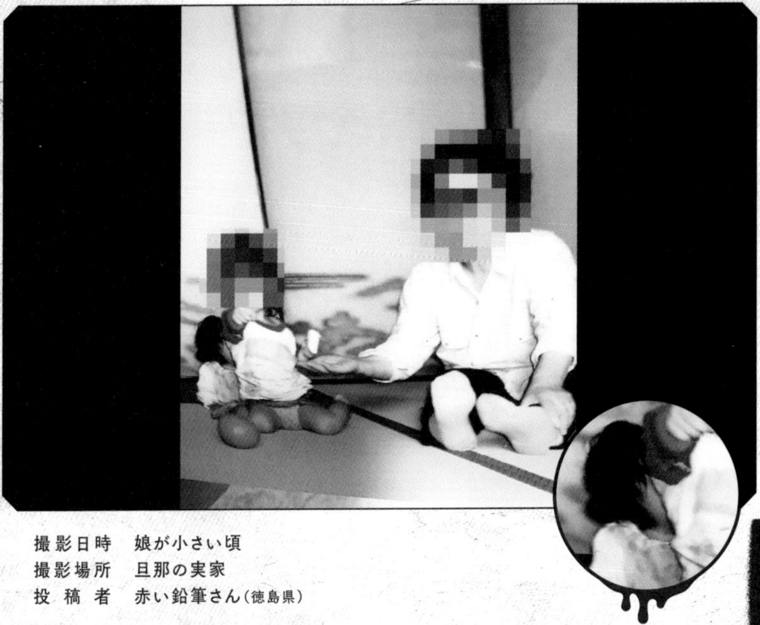

撮影日時　娘が小さい頃
撮影場所　旦那の実家
投 稿 者　赤い鉛筆さん（徳島県）

恐怖度IV

この間、小さい頃の娘の写真を整理したところ、よくわからない写真が見つかりました。娘が1歳の頃に旦那の実家で撮られた写真です。
この日は娘と私と旦那だけが遊びに行っていたのですが、娘の後ろに不自然な子供（?）のような姿が写っていて少し怖いです。後ろにいる子供らしき子には下半身がなく、よくわからないので応募させて頂きました。

落合

…マジか。やばいやばい。ちょっとこれ見たくないわ。これ完全に…だもんね？　それになんか埋もれてる感じ？　肌の色も人形の色とかじゃなくて完全に人肌だし。これはダメだ…。

長尾

うーわ、すご…。床からヌッて出てきているような感じ。この写真自体もなんか比率がおかしいですよね。あと、最初は顔の側面かなと思ったんですけど、髪の間に目があるように見えるんですよ。顔を傾けて正面を向いているような。見てますよ、こっち。

最後の一枚

皆口 

こちらのお写真、内容が内容だけにしばらく採用を見送っていたものになります。気が進まない方はあまり見ない方がいいかもしれません。投稿者の方とは、この一通を最後に音信不通となっております。

落合 

ああ〜…目、目、口。だから、ものすごく近い顔…。

皆口 

これ、霊感がなくても良くない写真なのかなって感じない？

長尾 

目が虚空を見ているというか…。写真自体の気持ち悪さももちろんありますけど、お便りの内容も怖いですよね。「多くの人に見て頂ければ」っていうのも、なんだか怖い…。
投稿者の方が音信不通ということなので、何かご一報を頂けたらなと思います。

撮影日時　2018年
撮影場所　峠道の中腹
投 稿 者　匿名希望さん

多くの人に見て頂ければと思い、写真をお送りします。
私は去年、友人とバイクを運転していた際、事故を起こし、現在も車椅子で生活を送っています。事故の瞬間について、信じてもらえないだろうと思い、友人や親も含めて誰にも言っていない話があります。友人と2人でバイクを走らせていたのは普段は使わない地元のとある峠道でした。山の奥まで走って行った、峠道の中腹で急に私の視界に真っ白いものが覆ってきました。
それは白い女の顔のように見えました。
それにびっくりしてバイクごと大きく転倒してしまい、大怪我を負いました。友人は無事だった為、すぐに救急車を呼び現場に散乱した私の私物などを拾ってくれていました。
こんな話、怪談話にしてもありきたりだと思い、ずっと胸の奥にしまっていたのですが、退院後、自室に戻ると事故当初リュックに入れていた汚れたり破損した私物が整理されて置かれており、その中にはスマートフォンがあり、液晶は割れ、何も映らない状態だったのですが、何となくPCに繋ぐとデータはなんとか生きていたようでバックアップを取ることができました。そんな中、撮った覚えのない写真が最後に1枚記録されているのに気づきました。
暗い写真で、最初は転倒した際に誤作動で撮られた写真かと思ったのですが、よく見るとそれは事故の直前に見た、あの真っ白い顔にとても似ています。
ずっと誰にも言わずにいたこの話を今回「家賃の安い部屋」にお送りしたのは多くの人に見て頂ければと思ったのと、私が見たあれは気のせいじゃなかったんだなと、この気持ちを1人で抱えることはできないと思い、お送りしました。

Column

ゾゾゾの心霊写真

平将門の首塚

東京都・千代田区

本当に呪われる場所として曰くつきの心霊スポット。内田がふざけて撮った写真に赤い光が写り込んだ。

落合

指とかが入っていないのに、赤くなったんだよね。
面白かったけど、ちょっとふざけすぎだったね。
平将門って本当に呪いがあるんだなと思ったよ。

内田

いや、笑えないですよね…。
本当に何も知らなかった初心者がやらかした結果ということで…。
あの後も何回か首塚に謝りに行っています。

ゾゾゾの撮影中には、不可解な写真が撮れる怪現象が度々起こっている。撮影中にメンバーが撮った恐怖の写真を紹介する。

武尊神社

群馬県・みどり市

通称「呪いの廃神社」の境内で、建物や灯籠を写すともやがかかるという現象が起きた。人物は普通に撮れる。

内田

フラッシュだけにしたり、ライトを外したり、携帯で撮ったり、何回か撮り直したんですけど、どれでやっても同じように建物だけもやがかかってしまって…。最初は不思議だなと思っていたのですが、だんだん怖くなってきましたね。

落合

場所が場所なんで、普通に怖かったよね。現場で見ているから細工とかやりようがないのはわかっているんだけど、何度撮ってももやがかかっていて。「本当に？　勘弁してよ」という気持ちだったわ。

ホテル藤原郷

群馬県・利根郡

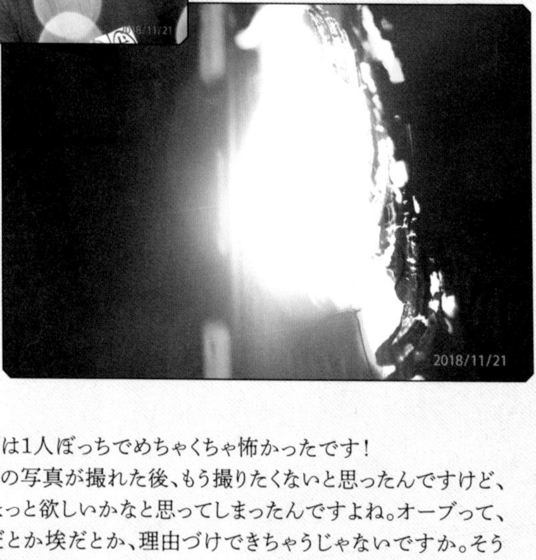

浮遊霊が集まるという廃ホテル。長尾の実証実験中の自撮り写真に不可思議なものが写った。上が9枚目、下が最後に撮った10枚目。

長尾

この時は1人ぼっちでめちゃくちゃ怖かったです！
オーブの写真が撮れた後、もう撮りたくないと思ったんですけど、もうちょっと欲しいかなと思ってしまったんですよね。オーブって、水滴だとか埃だとか、理由づけできちゃうじゃないですか。そう言われたら悔しいなと思って。でも、撮れたら撮れたでめちゃくちゃ怖い…。
最後の顔がドローっと溶けているようなのはフラッシュでなるわけないですし。
しかもその時使ってた落合さんのカメラも壊れちゃって。あれは…。

落合

壊れたままだね。

心霊写真鑑定

果たして心霊写真に写っているものは一体何なのか？　これまで番組に投稿された心霊写真の中から4点をピックアップし、京都の光照山蓮久寺の第38代住職であり、怪談和尚と呼ばれる三木大雲氏に鑑定して頂いた。

心霊写真とは

Essay

人間の目には見えない霊という存在。それが突如として姿を現し、写真に写り込んだものを人は**心霊写真**と呼びます。

しかしながら、心霊写真と呼ばれるものすべてが霊的現象によって引き起こされたものかと問われますと、私は否と言わざるを得ません。

なぜなら、心霊写真であるとされるものの中には、光の屈折によるものや、シャッター速度と被写体の影響で偶然撮れたものなど、一見すると心霊写真に見えるものも多々あるからです。それに最近では、写真加工の技術が進み、写真加工に詳しくなくても、簡単に心霊写真のねつ造ができるようになっております。

結論から言いますと、**「これは心霊写真である」**と、断定しうる確たるものはないということです。しかし、心霊写真の存在を否定しきることもできません。

なぜ否定しきれないかといいますと、科学的に再現できなかったり、その写真と現実世界の関係性を掘り下げると、霊的現象を否定しきれなかったりする写真が時折あるからです。

私は2つの方法を用いて、ある程度の心霊写真の鑑定を行っております。すなわち、**本当の心霊写真を模索する2つの法則性**です。

例えば、オーブと呼ばれる光の玉があります。このオーブが写り込んだとされる写真を私は何百枚と見てきました。すると、水場で撮れることが多いように思います。湿度の高い森林の中でも撮れやすいように思います。もしかすると空気中の水分が影響しているのかもしれません。そのように仮定した時、空気中の水分が少ない乾燥した室内では撮れないはずです。しかしながら、実際には乾燥した室内で撮られています。

動画で撮れたものはわかりやすいのですが、オーブの飛び方にも不思議な傾向が見られます。それは、重力にしたがって下方に落ちていくのではなく、上に向かって飛んでいたり、扇風機の回る中、風の方向に逆行して飛んでいたりします。

このように、多くのオーブが写った写真の中から、異質な飛び方や形状のものを選びます。要は、たくさんの写真の中から、写真の傾向を統計学的に見て、**統計的に稀なもの**を選出の第一条件としています。

次に、2つ目の法則性として、**現実世界との一致**です。

例えば、被写体の右手首を宙に浮いた何者かの手が掴んでいたとします。その写真が撮れた直後に、被写体の右手首に掴まれた痣など、医学的異常が見られたとします。このような場合を私は現実世界との一致だと考えています。

先に挙げました、第一条件をクリアしたオーブの写真も、撮った方に詳しくお聞きすると、その部屋が瑕疵（かし）物件であったりします。

このように、科学的に証明し難い写真の中から、統計的に稀な写り方をしたものを選び、その中から、現実世界との関連性を聞き取り、それが認められたものを今のところ、心霊写真と位置づけさせて頂いております。

では、心霊写真らしき写真を撮ってしまった時は、どのように対処したら良いのでしょうか。

心霊写真を撮ってしまい、それによって悪いことが起こったと主張されるケースの中には、実は、全くその写真と関係ないということも多いものです。これは、「呪い」の仕組みと同じです。心霊写真が撮れてしまったので悪いことが起こるはずだと思い込むことで、すべてがその写真のせいになってしまいます。

心霊写真らしき写真が撮れた時には、その写真の影響で不幸になると考えるのではなく、「供養できるチャンスを得たな」と思って頂きたいものです。供養というものがどのようにして行われるのか、勉強する機会ができたという程度に考えて頂くことが、もっとも呪いにかかりにくいのです。

気にせず、写真のデータを削除してしまうという方もおられるかもしれませんが、できれば供養をしてほしいと思います。なぜなら、それが本物の心霊写真である可能性もあるからです。

私が今まで見た中で、障りのある心霊写真は1000枚中1枚くらいでしょうか。本物の心霊写真でも、それが災いを起こすものである可能性はとても低いのです。

しかし、なぜ心霊写真に霊が写り込むのか。それは、存在証明をしたいからです。小さな子供がお父さんやお母さんに認めてほしい、褒めてほしいという気持ちで勉強を頑張るように、「ここにいる」ということを証明したいのです。霊は肉体がなく、自分の姿を見てもらえませんから、「私はここにいるんです。誰か手を合わせてください」という願いを込めて写真に写り込むのです。

普段、観光でしかお寺に行かないという方も多いと思いますが、心霊写真らしきものが撮れた時には、供養するチャンスができたと考え、お寺に持っていって頂きたいと思います。

三木大雲　光照山蓮久寺の第38代住職
1972年京都市生まれ。寺院の次男として生まれて多くの寺院で修行を積み、2005年に京都の光照山蓮久寺の第38代住職に就任。怪談をベースとして法華経を絡めた「怪談説法」が人気を集める。現在は、寺の法務の傍ら、講演、執筆活動、テレビ出演など幅広い分野で活躍する。

オーブが彷徨う部屋

撮影日時　お盆
撮影場所　自分の部屋
投 稿 者　ダーマさん（北海道）

動画はこちら。▶

この映像はこの間のお盆の時に、VHS風の映像が撮れるアプリを自室で試し撮りしてたもので、その時は、部屋の電気を点けてると網戸から虫が入ってくる為、電気を消して暗くし、iPhoneのライトのみで撮影してました。
最初に映ってる白いものは埃かと思いましたが、最後に出てきた浮遊物の動きが埃ではないと思い投稿しました。

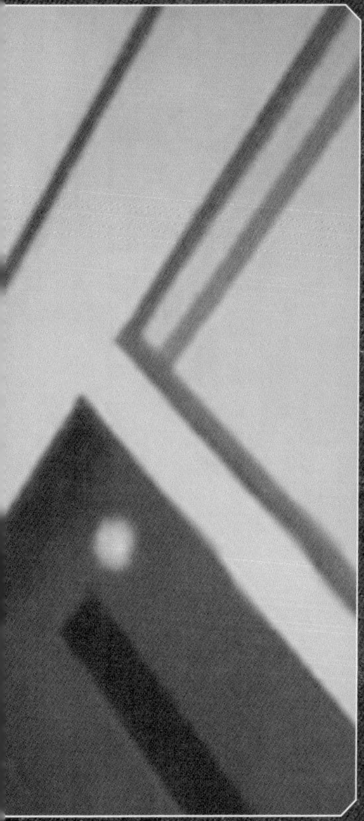

写真鑑定

オーブの写った写真や動画はたくさんありますが、その多くが虫や埃であったりします。ただ、この映像は静止画にして分析しても羽がないですし、飛び方の特徴から虫ではないと考えます。
オーブの飛び方には2種類あって、まっすぐに飛んでいくものと、この動画のようにふわっと浮いて、くるっと円を描くように飛ぶものがあります。
まっすぐに飛ぶ場合はそこはいわゆる霊道であることが多く、その場所を多くの霊が通ります。オーブの向かう先にお墓があることも多いのです。
一方、円を描くものはたまたま通りがかった方の霊魂であることが多いと私は考えています。そのようなものは事故物件や瑕疵物件、私のお寺ですとお盆の時期に撮れることがよくあります。その為、この動画のオーブは危険の少ないものでしょう。

長尾

乱反射とか虫にしては動きがおかしいですよね。最初はふわふわっと埃みたいだけど、その後くるんくるんと動いていて。お盆の時期に不思議なことがあると敏感になっちゃいますよね。
最後のくるっていう動きは、通り過ぎようと思ったら、「カメラ回ってんじゃん。俺、写ってる?」ってアピールしているんじゃないでしょうか?

古い写真

撮影日時　父が幼い頃
撮影場所　祖母の実家
投 稿 者　delete.さん（佐賀県）

この写真は父が幼少期におばあちゃんの実家で撮ったものです。はじめてこの写真を見たのは私が小学生の頃でした。その時はハッキリと、真っ白い顔のようなものが写り込んでいて、この写真の存在がトラウマでした。
あの時の心霊写真、まだ家にあるかな？と思い探してみたら…残っていたので投稿してみました。今見てみると、色が明らかに薄まっているというか…、消えかかっているというか…。一体どういうことなんでしょうか…。

写真鑑定

写真をよく見てみると、お顔が笑っておられるんですよね。亡くなったご先祖様が、お父様を見守っておられるんだと思います。
お父様は、これまでの人生でラッキーなことがけっこうあったのではないでしょうか。できれば、今まで見守ってもらった分、ご先祖様を供養してお返しして頂ければなと思います。
色が薄まったのは、「気づいてもらったから」という理由が考えられます。私の手元に、大阪の十三という場所で撮った写真があるのですが、そこに狐が写り込んでいたんです。私が「もしかして火事の知らせかもしれませんよ」と言ったら、途端にその狐が消えたことがありました。結果、その後火事になったのですが、気づいてくれたなというところで写真の中の姿が消えることは実はよくあることなのです。

長尾

おお…「シミュラクラ現象」でしたっけ。人は点が3つあると顔に見えるっていう現象があるんですけど、これは明らかに顔に見えますね。これは男性にしか見えないですけど、なんか、笑顔な感じがしますね。「お、撮ってるの?」みたいな感じの。子供の頃見た時より薄まっているとのこと…写真は色褪せても、記憶は色濃く残ってしまうんでしょうか。

赤い顔

撮影日時　今日
撮影場所　祖母の家の敷地内
投 稿 者　さかなさん（神奈川県）

今日、おばあちゃんの家から帰る時に飼ってる犬がかわいかったので写真を撮ったところ右下の方に赤い顔が写りました。この時（車の）エンジンをかけてないので赤いランプは点いてないし、周りも真っ暗。まずおばあちゃんの家の敷地内だったので家族以外誰もいなかったので「誰だ？」ってなっています…。
以前から家で勝手に電気が点いたり、真っ暗な部屋で人影が動いたりすることがあって、その霊なのか別の霊なのか気になってますが、特に害はないです。

写真鑑定

よく、赤いものが写ると危ないと言われるのですが、私の統計学的にみると、危ない赤と安全な赤があります。この写真は、下からライトを当てたような明るさですから、これに関しては危険なものではなく、むしろ良いことが起こる方が多いものです。
ちょっと危ないのは、赤ペンで描いたようなべったりとした赤です。悪いものの場合はワンちゃんがしきりに吠えると思いますが、そういうこともないようですので、この写真は、むしろ守られているのではないかと思います。車で事故をしかけて助かったとか、何かと助けられているのではないでしょうか。投稿者の方のご先祖様や近親者の方の可能性もありますし、新車で買われたものでなければ、前の持ち主の方のご先祖様である可能性もあります。この写真は安心して頂いていいでしょう。

長尾

おお、びっくりした！　車なのでテールランプが写り込んだのかと考えても、こんなところにランプはないですからね。あったら他のところにも写りますし。特に害がないということで良かったです。動物がいたら大丈夫っていう話も聞きますしね。
ワンちゃん、撮影者の方というより、この赤い顔を見ている感じもしなくもないですよね。…ワンちゃん、かわいい…。

部活帰りに

撮影日時　10年ほど前
撮影場所　高校の部活帰り
投 稿 者　がねっちさん（神奈川県）

僕も1枚心霊写真らしきものを持っておりますので、ぜひ見て頂きたくて応募させて頂きました。この写真は10年ほど前、僕の従兄弟の友人が高校の部活帰りに何気に撮った写真らしいのですが、全体的にブレてしまった画面の左側に、子供の顔らしきものが大きく写っています。
僕もこの写真は10年ほど持ってますが僕も従兄弟もご友人も特に悪いことは起きてないので、たまたま写り込んでしまったものだと解釈しています。

写真鑑定

実は、私の手元にこれと似た写真があるんです。その写真にも、非常によく似た表情のお子さんの霊が写っています。
人に顔相があるように、霊にも顔相があります。こういう顔立ちの子は、純粋無垢なことが多いのです。この写真のお子さんは、きっと面白そうなお兄ちゃんがしゃべっているところに近寄ってみただけなのではないでしょうか。
また、私のところには座敷わらしがいるのですが、やはりこの写真の子と似ています。今まで私が見てきた心霊写真の統計学的に、この写真に写っているお子さんも一種の座敷わらしではないかと判断させて頂きました。

長尾

これはすごいですね。ちゃんと子供の顔ですからね。心霊写真らしき写真を見ると、光の反射かなとか、合成かなとか、自然と怖くない理由を探してしまうんですけど、これはそう思えないですよね。鼻と口と目がハッキリしているのでブレとも思えませんし。縦長なので携帯で撮ったと思うのですが、それだとフィルムへの焼き付きということもありませんし。
王道と言いますか…。これぞ心霊写真という感じですね。

Column

「家賃の安い部屋」メンバー大集合!

スペシャルインタビュー

メインパーソナリティ
長尾

―「家賃の安い部屋」が始まった時はどのようなお気持ちでしたか?

急に始まったので、流されるままという感じでした。#0の時は本当に突然皆口さんが家に来て、撮影を始めて。「あ、やるんすね。え、僕だけ?」みたいな。

―「家賃の安い部屋」ではメインパーソナリティですね。

肩書きがつくなら、ありがたいことですけど、あんまりそういう実感はないです。感覚的には、皆口さんがいて、僕がいて…みたいな印象です。ゾゾゾだったら落合さんがまさにメインパーソナリティという感じなんですけど、たまたまそこに僕がいただけなのかな、というくらいの。

でも、メインパーソナリティと言って頂けるのはすごくありがたいし、うれしい気持ちです。

―番組が始まって1年半経ちましたが、大変なことはありますか?

毎回フリートークは大変です。楽しいけど大変。いつも話す内容が決まっていないので…。今日何の話するのかな、と思いながら撮影に臨んでいます。

一応、僕の方でもネタを考えてはいるんですよ。直前にちょろっと話して、「こんな話どうですか?」って言うと、皆口さんも「わかった」って言うんですけど、実際カメラが回ると、全然関係ないお題が振られるという…。

―即興で話すのは大変そうです。

その時が一番、自分の中で脳みそを使っているなと思います。ギュルルルルルって脳がフル回転する音が聞こえるくらいです。でも、僕的には、あのフリートークが一番肝なんですよ。

話し始めて、どうやって着地しようかなとぐるぐる考えながら話していることもあります。だいたい30分以上カメラを回していて、過去には40〜50分かかったことも…。それを5分の尺に編集するのはすごいなと思います。

―番組の最後に出てくる「撮れ高」もその場で考えているんですか?

そうです。でも最初の時は「何言ったらいいんだろう…」ってなりましたし、今でもたまに出てこない時があります。

動画では編集してくれているんで、すんなり出ているように見えるんですけど、「ちょっと待って」って1〜2分くらい考えることもありますね。

―まるで大喜利みたいだなと思う時もあり

心霊写真への思いから、番組での裏話まで。「家賃の安い部屋」のメンバー&お留守番メンバーそれぞれにロングインタビューを敢行した!

ます。

大喜利に近い感じはありますね。撮れ高を言ったあと「なんでそれなの?」となった時に、自分の中での理由づけというか、「こうだからこうです」っていうのが「ああ、なるほど」と思ってもらえたらラッキーだなと思っています。

最初のコンセプトとはずれてる気もしますよね。本当は撮れ高って、どのくらいとか、いくらとかですもんね。家賃の金額にするかとも考えていたんですけど(笑)。

―番組をやっていて楽しいことはなんでしょうか?

撮影中はいつも笑ってるんで楽しいです。皆口さんを笑わせたら勝ちだと思って、それを目標にやっています。

僕自身は、ギャグを言えるわけでもないし、面白いことを言えるわけではないんですけど、皆口さんとのかけ合いで面白くなるのかなと思っていて。どっちかというとシュール寄りで、笑わそうとして笑わせるっていうのとは違うんですけど。皆口さんが言ったことに対して乗り続けるというのを意識してます。にらめっこみたいな感じですよね。

あと、写真は普通に怖いので、「今日はどんな写真が来るのかな?」と純粋に楽しみな気持ちです。

―印象的だったお写真はありますか?

この本に掲載しているものだと、「最後の一枚」(#SP)です。あとは掲載されていないものですと、#45の女の人が軒先に座って後ろに黒い影がある「黒い憑き物」というお写真。お便りの内容も怖くて。あれも印象に残っています。

怖いっていう感覚には、単純に見て怖いのと、バックボーンとかエピソードが怖いっていう2種類がありますよね。この2つのお写真はエピソードも含めて怖かったのでよく覚えています。

―番組を通して、心霊写真のイメージで変わったことはありますか?

子供の頃は、テレビとかで見る心霊写真を素直に怖いな、気持ち悪いなと思えていたんですけど、大人になると知識もついて、「合成でしょ」とか「光やレンズの具合でしょ」ってちょっと斜に構えて見るようにもなりますよね。でも番組の心霊写真はネットに転がっているものとかじゃなくて、視聴者の方から投稿して頂いて、お便りとともに見させて頂いているので、やっぱりこういう不思議な写真ってあるんだなと、また素直な気持ちに戻ったというのが大きいです。どこかで見たことのある有名な心霊写真とかじゃなくて、本当に視聴者の方が撮ったお写真なので。

そして、これだけたくさん見ていても、一周回って心霊写真ってやっぱり怖いなと感じます。

―番組の視聴者の方やこの本の読者の方にメッセージをお願いします。

「怖いから見て」というよりは、こんなこともやっていますので、もし良かったら楽しんでいって頂ければなという感じです。

ぜひ、ゆるっと見て頂けたらいいなと思います。

ディレクター・カメラ・編集
皆口

―「家賃の安い部屋」を始めようと思ったきっかけを教えてください。

昔から心霊やホラーが大好きで、心霊写真も大好きだったんです。心霊スポットのレポート的なことはゾゾゾでやらせて頂けていたので、もう一個、心霊写真の番組をやってみたいなと思ったのがきっかけです。

テレビでホラーバラエティみたいな番組ってあったじゃないですか。心霊スポットの特集と都市伝説と心霊写真をミックスしたような。そういうのがやりたかったんですけど、ゾゾゾは心霊スポット専門になっているので、心霊写真をやるには違う軸でやった方がいいかなと思いました。でも同じホラーだし、全く違う番組じゃなくてサブチャンネルみたいな形がいいかなと。YouTubeっぽさを取り入れてみました。

―「家賃の安い部屋」という番組名になったのはなぜですか?

もともと昔、長尾君と一緒に撮った動画に由来しているんです。本当にプライベートというか、素人同士の遊びみたいな感じで、長尾君が一人暮らししている部屋から引っ越すのを撮影したんですけど、彼の一人暮らしは全然幸せそうじゃなかったんですよ。暗いし、湿気っているし、なんかカビが生えてそうな感じで。その部屋の家賃が安くて。周りの人はみんなびっくりしていましたね。自分はその頃から怖いのが大好きだったので、事故物件だとかからかったりしていました。

実は#0の時には、番組名が決まっていなかったんです。メンバーのグループLINEで何個か候補をあげて、「ゾゾゾの部屋」とかわかりやすい候補もあったんですけど、長尾君が「家賃の安い部屋でいいんじゃないですか」って。ちなみに内田君は反対だったんです。「ゾゾゾのサブチャンネルってわかりづらくない?」って。

ちょっとチャレンジではありましたけど…今、番組を撮影している長尾君の部屋もちょうど家賃が安いですし、別番組っぽい独立している感じもいいかなと思いまして。

―メインパーソナリティが長尾さんになったのはなぜでしょうか?

サブチャンネルなので、落合さんだとゾゾと変わらなくなっちゃうじゃないですか。となったら、カメラが好きな長尾君かな、みたいな感じでした。ゾゾゾの撮影の合間にも、何か違う番組ができたら面白いよね、みたいな雑談を長尾君としていたような気もします。

―印象的だった回はありますか?

ぱっと思い浮かぶのは…1回、自分がいなくて、長尾君1人でやった回があったんですよ。あの回は編集していてものすごく面白かったですね。グダグダすぎて。普段は、グダグダにならないようにカットを入れているんですけど、グダグダすぎて、逆にグダグダ感を出してやろうみたいな気持ちになっていました。違う味で面白かったなとすごく印象に残っています。彼の空気感が一番ナチュラルに出ていたと思います。

—番組を作る中で、大変なことってありますか?

楽しくやらせて頂いていますので、大変と感じたことはほとんどないですけど、フリートークのネタは毎回考えますね。長尾君の家で撮影しているので、自分が毎回赴くんです。家から1時間半くらいなんですけど、その間は今日は何について話そうか考えながら毎回向かっています。長尾君に「最近なんかいいことあった? 面白いことあった?」って聞いてもだいたい出てこないので…。

あと、撮影中救急車のサイレンがよく入るのに困っています…。

—番組の撮れ高を最後に入れたのはなぜですか?

おしゃべりだけだとしまらないので、ゾゾゾポイントの違うバージョンみたいなイメージで入れることにしました。長尾君は毎回うまいこと考えてくれるのですが、たまに思い付かなくて5分くらい撮影が止まることがあります。

ただ、毎回シナリオがないので、最近回も増えてきてかぶっちゃいそうで心配しています。「それ言ったんじゃないの?」みたいなのがたまにあるんですよね。エクセルか何かであいうえお順に並べておかないと…。

—番組にはたくさん投稿が来ていますね。

ご投稿頂けるというのはとにかくありがたいというか、本当にうれしいことです。まさか自分のところに、全国から心霊写真が届くような環境になるだなんて想像もしていなかったことなので。

頂いたお便りは朝と夜に全通きちんと目を通しています。すっかり1日のルーチンの一部です。

—好きな心霊写真のタイプはありますか?

アナログというか、古い写真は雰囲気があって怖いなと思います。感想が本当に素人っぽくて申し訳ないんですけど。いや、素人なんですけどね、何のプロでもないので。

—最近では写真はもっぱらデジタルになっていますね。

心霊写真って昔からあるものですけど、iPhoneとかGoProみたいなカメラの機能とか画像編集の技術が発展した時代の今、それでも全国から「これ気持ち悪いんです」みたいなお写真をたくさんお送り頂けていて。デジタルでも確かに、そういう不思議な写真ってあるんですよね。

—番組がこれから目指すものはなんでしょうか?

番組が始まって1年半が過ぎましたけど、5年、10年続けられたらなと思っています。投稿が続くかなっていう心配が一番大きいんですけどね。あとは1000回というのも目標です。

自分がいなかったり、長尾君がいなくなったり、いろいろあったんですけど、何の更新もしなかった週というのは今のところ1回もないんです。お休みと言いながらもインターミッションみたいなものをやらせて頂いたり。毎週更新というのは、番組が終わるまで続けていけたら素敵だなと思います。

お留守番メンバー
落合

―番組が始まった時はどう思いましたか?

写真の投稿がそんなに来るのかなって心配でした。ゾゾゾの方にはその前からちょこちょこ心霊写真みたいなものは届いていましたけど、本格的に募集するようになって、たくさん送って頂けるようになった感じです。もう1年半ですか?　こんなに続けてこられたことが本当にすごいなと思っています。世の中にこんなに心霊写真があるの?って。

―落合さんは心霊写真を撮ったことはありますか?

僕はないですね。日常の中で、写真を撮ることもあまりないです。どこかに出かけた時にみんなで記念写真を撮るくらいかな。風景とかを撮ることもほとんどないです。

それにしても、皆さん、心霊写真をよく取っておくなと思います。僕ならもし撮れたら…即行で削除しちゃいます。番組に投稿もしないですね。だって、気持ち悪いですもん。それを抱えて寝たくないです。

―印象的だった写真はありますか?

怖かったのはけっこうありますけど、鮮明に記憶に残っているものだと、目がたくさん写っている「目目目」(#48)。あとは虫が止まった網戸に人の輪郭がある「とあるペンションで」(#SP)かな。

めちゃくちゃ怖いですよね。わりとはっきり写っているものなんかは、見た瞬間に「わあっ!」となりますね。あと、撮影の時はテレビの画面で至近距離で見るので、すごくドアップで…リアリティがあって怖いです。

―写真以外で、フリートークが面白かった回はありますか?

フリートークで笑ったことはないです。編集の妙で、しょうちゃんがしゃべり始めた時にブツッと切ったりするじゃないですか。あれは面白いですよね(笑)。しゃべらせない。毎回、この話どこで切るのかなってタイミングを楽しみながら見ているような感じですね。

―スペシャルやお留守番回など、落合さんが出演された回はいかがでしたか?

しゃべるのがしんどいですね。どんな写真が出てくるのかわからないっていうのはもちろんなんですが、トークの内容も曖昧なのでいつも大丈夫かな、使えるのかなって思っています。

でも、そうですね、一番難しいのは撮れ高ですね。自分が出る時は事前に何となく考えておきます。出てくる写真と全然合わなくて困ることもあるんですけど…。本当にしょうちゃんすごいなと思います。毎回よく思いつくなと。

あとは毎回思うんですけど、しょうちゃんの部屋が汚い。僕も特別きれい好きなわけじゃないですけど、あまり物を置かない方なんで。

あの部屋、僕には無理です。

お留守番メンバー
内田

―番組が始まることはいつ知りましたか？

新しいチャンネルをやるよという事前の連絡があったと思います。その数日後に番組が始まった感じです。どんな番組でどんなことを話すかというのは、実際に見て知りました。最初は撮れ高も適当に言っているのかと思っていたのですが、ちゃんとその回の内容と関連しているんだなと徐々にわかってきたりして。

番組を見てはじめてしょうちゃんがこの地域に住んでいることを知ったんですけど、#0で落合駅っていう駅名を見た時はネタかと思いました（笑）。

―番組を見ていてどうですか？　印象的な回があれば教えてください。

番組は毎回見ていて、印象的なものはいくつかあるんですけど…。青い人が思いっきり笑顔で、ドアップで写っている「ヤバイ写真」（#38）とか。あれは怖いというかすごく気持ち悪かったですね。あと、しょうちゃんの言っていた「黒い憑き物」（#45）も不気味だなと思いました。

特にインパクトあったなと思うのはこの2つですね。

―お留守番回に何度か出演されていますが、いかがでしたか？

裏話になりますが、お留守番撮影#66の骸骨のくだりは、実は撮影直前に「これ（骸骨）使うから」と聞かされたんです。「どうするの？」って聞いたら皆口さんが「まーくん、横にいて声だけ出してもらっていい？」って（笑）。たぶん僕がその前の動画の時に縄跳びでダイエットしてますと言ったことから思い付いたんだと思うんですけど。

ちなみにその後、縄跳びはせず、今は筋トレばっかりしているせいか、体重は増えていますね…。あの頃より5キロくらい増えたかな。

あとは撮れ高がやっぱり難しいですね。トークよりそっちに頭を使いました。

またお留守番回に出演する機会があれば、どんな感じでボケてやろうかなっていうのは考えています。

―心霊写真を撮ったことはありますか？

撮影以外だと…今まではないですね。家に僕の母親が撮ったものは1枚あって。30代後半～40歳頃のもので、指がめちゃくちゃ長い写真がありました。子供の頃からホラーがすごく好きで、家でも見ていたので、母親が「あんたこういうの好きでしょ？」って見せてくれました。

―心霊写真の魅力とはどのようなところでしょうか？

動画と違って、どういう経緯で撮れたんだろうと、頭の中で空想できる楽しさ、面白さがあると思います。そのお写真にまつわるエピソードを聞くのも興味深いですし、エピソードがわからなくても自分で想像したりできますし。そこが心霊写真の魅力ですね。

お留守番メンバー
山本

―「家賃の安い部屋」が始まった時は、まだゾゾゾに出演されていなかったですよね?

そうですね。ゾゾゾのお手伝いをし始めた頃には「家賃の安い部屋」は始まっていました。でも全部見ています。怖い回もあれば面白い回もあって飽きないですよね。フリートークも笑えるところがあったりして。

―印象的だった写真はありますか?

オートバイで転倒してしまった人のスマホで知らない間に撮られていたという「最後の一枚」(#SP)は怖かったですね。これが一番かなと思います。何が写っているのかよくわからないんですが、赤いし、不気味な感じがしますよね。しかも撮影者の方と連絡が取れないらしいですし…。

―お留守番回に何度か出演されていますが、いかがでしたか?

撮影した皆口さんの家は駅から少し遠いんですが、落合さんに車で送ってもらったので移動は楽でした。トークもそんなに大変だった記憶はありません。撮れ高も皆口さんの手腕で、話を引き出してもらえたので、特に緊張もせずに。自分ができることをすれば、皆口さんが全部面白くしてくれるはずだと全幅の信頼を置いて臨みました。

―心霊写真に対しては、どういうイメージを持っていますか?

「恐怖」が具現化してしまうというのがすごいなと思っています。心霊スポットに行って、もしかしたら何かあるかもしれない…ではなくて、本当にしっかりと異質なものが写るというところに、魅力というか強さを感じますね。

撮れる人と撮れない人の違いって何なんですかね? 周りには霊が見える人もいないですし…。内田さんがちょっと感じるくらいで。番組で紹介しているような、はっきりと霊が写っている写真が撮れる世界、霊が見える世界ってどんな感じなのかなと、若干興味はあります。

―山本さんは心霊写真を撮ったことはありますか?

ないですね。心霊現象とかも特に経験なく、平々凡々な生活を送っています。だから、心霊写真を見ると、世の中どんなものが渦巻いているのかわからないなと思います。でも、ゾゾゾのスタッフを始めて、これまでよりいろいろと注意して見るようにはなったかもしれません。例えば隙間とか…。何かあったら嫌だなと思いながらも、つい見てしまいます。

写真も、もともと普段は全く撮らないのですが、ゾゾゾの撮影で遠征に行った時には合間にそのスポットを撮ってみたりはしてます。何か写らないかな…と。でも、今のところ何も写っていません。すごく確認したんですけど。

もし撮れたら、「家賃の安い部屋」に投稿したいと思っているんですけどね(笑)。

「家賃の安い部屋」

#0－#72

リスト

#0 サブチャンネルは突然に

公開日	視聴回数	再生時間
2019/03/29	593,605回	3:17

皆口がやってきたのは落合駅にある長尾の部屋。長尾をテレビの前に座らせると、唐突に番組が始まる。この部屋の家賃は隣より15,000円安いという。

#1 花粉症完治まであと150年

公開日	視聴回数	再生時間
2019/4/1	572,087回	5:23

記念すべき第1回目。長尾は絶賛花粉症中。東京都の杉の木が花粉を出さない木に植え替えられるまで、今のペースであと150年かかるらしい。

●今日の番組の撮れ高は…

ボトルコーヒー1本分

#2 猫と新元号

公開日	視聴回数	再生時間
2019/4/10	363,072回	5:07

劇団四季のミュージカル『キャッツ』に感動したという長尾。ただ、ストーリーを聞いてみると衝撃の答えが。新元号のイントネーションも気になる。

●今日の番組の撮れ高は…

チョコレート1枚分

#3 アヒルと10連休

公開日	視聴回数	再生時間
2019/4/17	418,095回	4:58

修学旅行以外で遠方に旅行したことがないという長尾。10日間休みがあったらどこに行きたいか問われると、「一周してみたい」と言う。

●今日の番組の撮れ高は…

4連休

#4 おばあちゃんと500円札

公開日	視聴回数	再生時間
2019/4/24	368,784回	5:30

長尾とおばあちゃんとの思い出は岩倉具視の500円札。それで『ジャンプ』と駄菓子を買ったという。500円札に込められたおばあちゃんの心とは。

●今日の番組の撮れ高は…

2000円札

#5 大型連休は映画を観よう

公開日	視聴回数	再生時間
2019/5/1	293,865回	5:17

『君の名は。』を7回観に行った長尾が新海誠の映画の魅力を解説。話題は好きなアニメ映画ベスト3、キューブリックの好きな映画に及ぶ。

●今日の番組の撮れ高は…

ポップコーン(L)

#6 迷子になった長尾

公開日	視聴回数	再生時間
2019/5/8	512,790回	5:12

クラシックな心霊写真と現代的な心霊動画を紹介。そこに映る存在も時代の流れに対応しているのだろうか。今日の撮れ高は怒濤の撮り直しに。

●今日の番組の撮れ高は…

松任谷由実

#7 タコライスについて

公開日	視聴回数	再生時間
2019/5/15	295,983回	5:21

居酒屋で働いていたことのある長尾は料理が得意。一番の得意料理のタコライスの作り方を解説するが、タコが入っていないと皆口に指摘される。

●今日の番組の撮れ高は…

クックパッド

#8 あなたの知らない世界

公開日	視聴回数	再生時間
2019/5/22	289,322回	5:12

長尾の働いているゴールデン街のバーでお客さんが怖い話をしていた時、ついに怪奇現象が起きてしまう。Siriに関するその現象とは一体?

●今日の番組の撮れ高は…

喪黒福造

#9 写ルンです

公開日	視聴回数	再生時間
2019/5/29	351,448回	5:27

長尾がついに一眼レフカメラを購入。Nikonにした理由は、ありのままを写せるから。「何を撮りたい?」という質問に心霊写真と答えてしまう。

●今日の番組の撮れ高は…

チェキ

#SP ゾゾゾ最終回直後の特別篇

公開日	視聴回数	再生時間
2019/5/31	464,042回	4:11

ゾゾゾ ファーストシーズンの最終回の撮影を終えた直後に落合、内田をゲストに迎えたオフショット回。3人が思い出と視聴者への感謝を伝える。

#10 アイドルがやってきた!

公開日	視聴回数	再生時間
2019/6/7	275,705回	6:03

番組初のコラボ回。アイドルグループBANZAI JAPANがゲスト出演。アイドル好きの長尾はアカペラの声量の大きさにとまどいつつも、終始はにかんでいた。

●今日の番組の撮れ高は…

12,000円

#11 遊園地を安全に楽しむには

公開日	視聴回数	再生時間
2019/6/14	320,132回	5:15

長尾は絶叫マシンが嫌い。ギリギリ乗れるのがコーヒーカップ。しかしいろいろ考えているとコーヒーカップすら危険すぎて乗れなくなってしまう。

●今日の番組の撮れ高は…

1デーパスポート

#12 Let's take a good picture_1

公開日	視聴回数	再生時間
2019/6/21	292,212回	4:50

長尾の部屋を飛び出した出張版「家賃の安い部屋」（前編）。購入した一眼レフを持ち写真を撮って散歩しながら、東京都杉並区にあるという廃村を探す。

#13 Let's take a good picture_2

公開日	視聴回数	再生時間
2019/6/28	213,498回	5:01

出張版「家賃の安い部屋」（後編）。住宅街の雑木林を眺めて緑を楽しむ長尾。廃村は見つからなかったが、心のリフレッシュになったようだ。

●今日の番組の撮れ高は…

ムヒ

#14 アイン薬局で体調もだいじょうぶだぁ

公開日	視聴回数	再生時間
2019/7/5	318,885回	5:11

普段から不摂生な生活を送る長尾のほっぺたにできたニキビ。#1で薬飲まない派と言っていた長尾の部屋で、皆口が漢方の袋を見つけてしまう。

●今日の番組の撮れ高は…

バファリン

#15 防災を考える回

公開日	視聴回数	再生時間
2019/7/12	239,926回	5:07

「避難時に3つだけ持っていくとしたら？」という質問で、長尾が答えたのは携帯、枕替わりのぬいぐるみ。あと1つに選んだものとは。

●今日の番組の撮れ高は…

乾パン

#16 今日はひとりです

公開日	視聴回数	再生時間
2019/7/19	236,160回	5:04

皆口が不在の為、長尾1人で撮影。たどたどしいタイトルコールから、好きな小説の紹介が始まるが、予想通りのグダグダ展開になってしまう。

●今日の番組の撮れ高は…

図書券2、3枚分

#17 夏のアウトドア

公開日	視聴回数	再生時間
2019/7/24	461,603回	5:39

季節は夏。ちょっと贅沢な海の幸でバーベキューをしたいという長尾だが、おすすめ料理として紹介したのは「さばのアヒージョ」だった。

●今日の番組の撮れ高は…

飯盒炊爨

#18 ゾゾゾのグッズができました

公開日	視聴回数	再生時間
2019/8/2	254,965回	6:05

明日はゾゾゾ・夏の特別編先行上映会。そこで販売する初オフィシャルグッズを紹介。長尾は「自分がクリアファイルになるとは」と感慨に浸る。

●今日の番組の撮れ高は…

痛バッグ

#SP ゾゾゾメンバーが廃校の保健室で夏の特別編!

公開日	視聴回数	再生時間
2019/8/9	402,079回	5:43

ゾゾゾの撮影で久しぶりに集合した落合と内田をゲストに迎え、廃校の保健室からお届け。落合が心霊スポットを嫌がる理由は暗さにあるらしい。

#19 眠れない夜の物語

公開日	視聴回数	再生時間
2019/8/16	231,603回	5:23

長尾の部屋で朝4時に突然、扉を叩く音がした。恐る恐る覗き穴を覗くが誰もいない。外に出て確認しても誰もいない。その衝撃の結末とは。

●今日の番組の撮れ高は…

ブリーズライト

#20 匂いの話

公開日	視聴回数	再生時間
2019/8/23	239,211回	5:45

匂いに対するこだわりを語る長尾。ゾゾゾの収録で着ていた服が生乾きだった時、自分の匂いに自分自身が一番騒いでいた理由を語る。

●今日の番組の撮れ高は…

アタックZERO

#SP ゾゾゾの夏締め拡大スペシャル

公開日	視聴回数	再生時間
2019/8/31	900,070回	14:38

夏のスペシャルとして、ゲストに落合を迎える。夏休み最後の日にまつわる、それぞれの想いを語るが、いつの間にか話は落合の脇汗の話に…。

●今日の番組の撮れ高は…

ガツン、とみかん(3本)

#21 懐かしい気持ち

公開日	視聴回数	再生時間
2019/9/6	229,465回	5:36

カラオケボックスの心霊写真を紹介。長尾のカラオケの十八番はDragon Ashの「FANTASISTA」、カラオケでいつも頼むものはクリームソーダらしい。

●今日の番組の撮れ高は…

クリームソーダ

#22 ネタ切れ回

公開日	視聴回数	再生時間
2019/9/13	189,918回	5:14

フリートークがネタ切れ。長尾が野球について語ろうとするが、ヒットを打ったことがなく何も語れない。次に、新宿駅について語り始めるが…。

●今日の番組の撮れ高は…

大学ノート

#23 宇宙人は存在するか

公開日	視聴回数	再生時間
2019/9/20	226,734回	5:01

過去に遭遇したUFO体験を語る長尾。ゴールデン街の人間はほぼ皆、宇宙人だと思っている。さらには自分が宇宙人の可能性も捨てきれないという。

●今日の番組の撮れ高は…

宇宙食

#24 駄菓子について

公開日	視聴回数	再生時間
2019/9/27	208,784回	5:01

変わらない存在であり続ける駄菓子達は、駄が付くような存在ではないと不満がある長尾。せめて「さん」を付けるべきだと力説する。

●今日の番組の撮れ高は…

水ふうせん

#25 寝起き回

公開日	視聴回数	再生時間
2019/10/4	205,404回	5:05

寝起きでとても眠そうな長尾。タバコの値段が上がったことにより、消費税増税を実感。ただ、軽減税率については勉強が必要なようだ。

●今日の番組の撮れ高は…

110円

#26 昔のテレビ番組

公開日	視聴回数	再生時間
2019/10/11	216,973回	5:27

恐怖のお便りの「実家では母が夜中に空中浮遊をしていた」という文面に戸惑う長尾。「ホラー番組やってるみたいですね」とポツリ。

●今日の番組の撮れ高は…

あなたの知らない世界

#27 こめわらしがやってきた

公開日	視聴回数	再生時間
2019/10/18	266,611回	6:27

長尾もゲスト出演したYouTubeチャンネル「オカルト部」のこめわらしがゲスト。怖い話好きの彼女が、最近自宅で体験したホラー体験を語る。

●今日の番組の撮れ高は…

デジカメ

#28 ヴィレヴァンとコラボ

公開日	視聴回数	再生時間
2019/10/23	226,145回	6:31

ゾゾゾとヴィレッジヴァンガードのコラボが決定。落合をゲストに迎えてグッズ紹介が始まるが、届いたグッズに手違いがあったようだ。

●今日の番組の撮れ高は…

サファリパーク

#SP ハロウィンに観たい! 洋画ホラー映画スペシャル

公開日	視聴回数	再生時間
2019/10/25	180,386回	13:04

ハロウィンの夜に観たいおすすめの洋画ホラーを4本紹介。昨年のハロウィンは仕事だった長尾。ホラー映画について皆口とともに熱く語る。

●今日の番組の撮れ高は…

駄菓子さん屋さん

#29 鍋

公開日	視聴回数	再生時間
2019/11/1	191,442回	5:20

皆口は食べたい鍋があるという。電気を消して食べる闇鍋だ。1人闇鍋もいいという。それを聞いた長尾は一言、「電気点けたいっすね」。

●今日の番組の撮れ高は…

すき焼き

#30 マナーについて

公開日	視聴回数	再生時間
2019/11/8	161,614回	5:26

携帯で話している人のマナーに憤る皆口。長尾は、映画を観る時は映画館に入る前に携帯の電源オフ、いやそもそも携帯を家に置いていくという。

●今日の番組の撮れ高は…

招待状

#31 長尾が虫歯

公開日	視聴回数	再生時間
2019/11/15	201,117回	5:46

長尾は歯の痛みと目のものもらいで顔の右側が腫れてしまっていた。そんな状況で収録が完了、皆口の口から出た衝撃の言葉とは?

●今日の番組の撮れ高は…

糸ようじ

#32 新しい顔になっても

公開日	視聴回数	再生時間
2019/11/22	171,450回	5:15

まだ歯が傷む長尾、歯の再生について語る。治療ついでに親知らずも抜歯すればという皆口に対し、それはオーバーキルだと頭を抱える。

●今日の番組の撮れ高は…

アンパンマンらーめん

#33 ポジティブ・シンキング

公開日	視聴回数	再生時間
2019/11/29	243,954回	5:41

長尾がポジティブ・シンキングについて語る。「期待をしない」「まあいっか精神」が大事。最悪な状況を考えておくと喜びが大きくなるという。

●今日の番組の撮れ高は…

当たりくじ

#34 日本語の流行と新語

公開日	視聴回数	再生時間
2019/12/6	235,082回	5:12

皆口調べによると、今、女子高生の間では一人称「わい」が流行中らしい。ネット用語を女子高生用語として報道されることに長尾は疑問をもつ。

●今日の番組の撮れ高は…

広辞苑

#35 13日の金曜日

公開日	視聴回数	再生時間
2019/12/13	234,239回	5:38

13日の金曜日の撮影。どこにもホッケーマスクが売っておらず似たマスクを買ってきた長尾だが、やはりどこか違う感じになってしまう。

●今日の番組の撮れ高は…

年賀状

#36 クリスマスが今年もやって来る

公開日	視聴回数	再生時間
2019/12/20	186,899回	5:03

「嬉しかったクリスマスプレゼントの演出」という記事から、怖い感じでエピソードを紹介する皆口に、つられ笑いをしてしまう長尾だった。

●今日の番組の撮れ高は…

クリスマスツリー

#37 年越し蕎麦

公開日	視聴回数	再生時間
2019/12/27	207,111回	7:00

これまで年越しした後に蕎麦を食べていた長尾は、もしかしたら年を越せていないのではないか。長尾にとって来年は2015年ぐらいかもしれない。

●今日の番組の撮れ高は…

108円

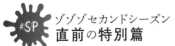

#SP ゾゾゾセカンドシーズン 直前の特別篇

公開日	視聴回数	再生時間
2019/12/31	343,023回	5:42

落合と内田をゲストに迎えた特別編。直後に控えたゾゾゾのセカンドシーズン第1回は犬鳴峠。撮影の感想からラーメンの話に移るが…。

#38 お雑煮

公開日	視聴回数	再生時間
2020/1/3	220,839回	5:02

新年一発目の「家賃の安い部屋」。投稿されたヤバすぎる写真に長尾も絶叫。「このお化け、眼鏡かけてるからまーくんに見えますね」とポツリ。

●今日の番組の撮れ高は…

お雑煮

#39 成人の日

公開日	視聴回数	再生時間
2020/1/10	206,356回	5:26

「大人って何ですか」という質問に「孤独」と答え、皆口に「大丈夫ですか?」と心配される長尾。彼から青年達に向けてのメッセージとは。

●今日の番組の撮れ高は…

紅白饅頭

#40 怖い漫画

公開日	視聴回数	再生時間
2020/1/17	179,377回	5:28

読んだことのある怖い漫画を紹介。少女漫画ホラーブームの時に流行ったスプラッター漫画は、本当に女の子達に受け入れられていたのか。

●今日の番組の撮れ高は…

図書カード

#41 境界線の話

公開日	視聴回数	再生時間
2020/1/24	172,046回	5:02

雪が降っているところと降っていないところの境界線を見たことがある皆口。そこからマクドナルドの呼称「マック」と「マクド」の割合の話に。

●今日の番組の撮れ高は…

カントリーサイン

#42 着物

公開日	視聴回数	再生時間
2020/1/31	173,787回	5:00

夏祭りで撮れた心霊写真を紹介。浴衣姿の写真を見て、持っているが着る機会がないという長尾。次回着るよう提案する皆口への、長尾の答えは。

●今日の番組の撮れ高は…

着物

#43 2月7日

公開日	視聴回数	再生時間
2020/2/7	202,543回	5:39

2月7日が何の記念日か調べてみるが明るい話題がない。とある映画の公開日ということ、とある野球選手の誕生日であることが判明するが…。

●今日の番組の撮れ高は…

週刊誌

#44 バレンタインデー

公開日	視聴回数	再生時間
2020/2/14	147,348回	5:08

バレンタインデー、自身の初恋の思い出を語る長尾。皆口に恋の病がぶり返してしまったかと聞かれ、恋の病は生活習慣病であると話す。

●今日の番組の撮れ高は…

北極ラーメン

#SP 鬼才!ジョーダン・ピールの特別編

公開日	視聴回数	再生時間
2020/2/21	142,841回	9:56

全米初登場No.1大ヒットとなったホラー映画『アス』のリリースを記念したジョーダン・ピール監督特集。2人がその魅力を熱量たっぷりに語る。

●今日の番組の撮れ高は…

ハサミ

#45 日本語

公開日	視聴回数	再生時間
2020/2/28	189,129回	5:35

おにぎりとおむすびの違いなど、日本語は難しいと語る皆口。長尾は、いらっしゃいませと『ラッシュアワー3』の類似点について語る。

●今日の番組の撮れ高は…

国語辞典

#46 ムダの話

公開日	視聴回数	再生時間
2020/3/6	166,705回	5:01

長尾は、本を買う時は紙の本を買うという。そこには長尾なりのムダについて、本屋について、そして人生についての哲学があるからだ。

●今日の番組の撮れ高は…

ブラジリアンワックス

#47 13日の金曜日 PART2

公開日	視聴回数	再生時間
2020/3/13	230,926回	5:22

また13日の金曜日がやってきた。長尾がかぶっているのはひょっとこのお面。ホッケーマスクとは、かすってもいないと皆口につっこまれる。

●今日の番組の撮れ高は…

お味噌汁

#48 エア花見

公開日	視聴回数	再生時間
2020/3/20	153,888回	5:27

東京都がお花見自粛を要請。お花見大好きっ子クラブの長尾が、お花見に持っていく5段重箱のメニューを語る。衝撃の5段目のメニューとは?

●今日の番組の撮れ高は…

胃薬

#49 ニャッキ!

公開日	視聴回数	再生時間
2020/3/27	207,605回	5:08

海外ではバッタの大群が猛威をふるっているらしい。虫が大嫌いな長尾は、「G」が1匹でも出たらその家はもう終わり、引っ越しするという。

●今日の番組の撮れ高は…

ゲートボール

#SP 1周年の特別編

公開日	視聴回数	再生時間
2020/4/3	807,107回	19:33

番組の1周年を記念して、視聴者が選ぶ怖かった心霊写真ベスト10を紹介する特別編。お祝いに落合から手紙とプレゼントが届く。

●今日までの1年間の撮れ高は…

GPS付き腕時計

#50 妖怪リモコン隠し

公開日	視聴回数	再生時間
2020/4/10	258,516回	6:01

「妖怪リモコン隠し」の話を始める長尾。別の世界線の存在にまで話が及ぶが、撮影中に長尾の部屋から鈴のような不気味な音がし始める…。

●今日の番組の撮れ高は…

綿菓子

#51 花粉症からの卒業

公開日	視聴回数	再生時間
2020/4/17	205,259回	5:31

花粉症が治ったかもしれないという長尾。長尾の説では、花粉に対して抗おうとせず、受け入れる気持ちを持つことで症状が軽くなるらしい。

●今日の番組の撮れ高は…

YES/NO枕

#52 朝ごはんと夜ごはん

公開日	視聴回数	再生時間
2020/4/24	192,361回	5:19

仕事柄、昼夜逆転の生活を送っている長尾は、朝ごはんをきちんと食べていないという。おはようとおやすみの挨拶も曖昧なものに。

●今日の番組の撮れ高は…

箸置き

#SP ステイホーム特別編！お家からのお便りスペシャル

公開日	視聴回数	再生時間
2020/5/4	920,559回	37:43

ステイホーム特別企画として、内田の家と中継を繋ぎ、内田と落合がリモート参加。全国から寄せられた「お家からのお便り」を紹介していく。

●今日の番組の撮れ高は…

人生ゲーム

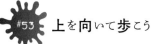

#53 上を向いて歩こう

公開日	視聴回数	再生時間
2020/5/8	203,014回	5:39

火にまつわる心霊写真と、窓に赤い光が写った心霊写真を紹介する。どちらも投稿者の身に不幸な出来事が起こっているというが…。

●今日の番組の撮れ高は…

フリスク

#54 ワサビ

公開日	視聴回数	再生時間
2020/5/15	170,824回	5:02

体の一部が透明化した写真を紹介。先祖からの警告という説もあるが、長尾も顔がおかしな写真が撮れたという。虫歯の警告だったのか…。

●今日の番組の撮れ高は…

ワサビ

#55 今日からお留守番

公開日	視聴回数	再生時間
2020/5/22	257,530回	6:31

長尾が自分探しの旅に出た為、皆口の自宅で落合がお留守番撮影に臨む。長尾からの手紙に、「彼大丈夫？」と心配する落合だった。

●今日の番組の撮れ高は…

親父のエロ本

#56 ゾゾゾの問題点

公開日	視聴回数	再生時間
2020/5/29	267,280回	5:35

落合によるお留守番回2回目。ゾゾゾの撮影で困ることとして30分の実証実験が長いと言うが、皆口は「待ってる側も長いです」と言う。

●今日の番組の撮れ高は…

ジェットコースターの最初のやつ

#57 ゾゾゾの呪い

公開日	視聴回数	再生時間
2020/6/5	220,057回	5:11

山本によるお留守番回。ゾゾゾのスタッフとして参加するようになってから、歯を食いしばって寝るようになったという。それを聞いた皆口は…。

●今日の番組の撮れ高は…

巫女さん

#58 サムネと撮れ高

公開日	視聴回数	再生時間
2020/6/12	182,886回	5:23

山本によるお留守番回2回目。マンネリを打破する為、迫力のあるサムネイル画像の撮影に臨むが、山本の幽霊顔は残念ながら全カットに。

●今日の番組の撮れ高は…

社会の窓

#59 縄跳びダイエット

公開日	視聴回数	再生時間
2020/6/19	325,985回	6:19

内田によるお留守番回。皆口の部屋の照明機器の調子が悪い中での撮影で、ダイエットの話に。照明が変わったその時、内田に異変が起こる。

●今日の番組の撮れ高は…

フォンドヴォー醤油

#60 内田の映画紹介

公開日	視聴回数	再生時間
2020/6/26	239,681回	5:57

内田によるお留守番回2回目。DVDレンタル屋で働いていた為、おすすめトークが上手いという。そこで、見たことがない映画の紹介に挑戦する。

●今日の番組の撮れ高は…

路地裏

#61 薄毛対策

公開日	視聴回数	再生時間
2020/7/3	299,837回	5:10

落合によるお留守番回3回目。本気で薄毛対策を始めた落合。塗り薬と飲み薬を購入し、試しているという。薄毛の原因はストレスか、遺伝か。

●今日の番組の撮れ高は…

テキーラショットを飲んだ次の日

#62 ビデオレター

公開日	視聴回数	再生時間
2020/7/10	227,009回	5:11

落合によるお留守番回4回目。番組が長く続くことを願い、5年後の自分にビデオレターを撮影。話しているうちに、なぜかさだまさし風に…。

●今日の番組の撮れ高は…

爽健美茶

#63 虚無人間

公開日	視聴回数	再生時間
2020/7/17	225,495回	5:41

山本によるお留守番回3回目。知り合って日が浅い山本のことをもっと知ろうと皆口が関係者に取材をしたところ、どうやら山本は虚無人間らしい。

●今日の番組の撮れ高は…

人間

#64 心霊スポットのロマン

公開日	視聴回数	再生時間
2020/7/24	212,400回	5:20

山本によるお留守番回4回目。心霊スポットの好きなところについて語るが、言っていることがよくわからない。そしてなぜか肉まんの話に。

●今日の番組の撮れ高は…

人間不信

#65 ゾゾゾの本発売記念！紹介回

公開日	視聴回数	再生時間
2020/7/31	288,707回	5:16

内田によるお留守番回3回目。ゾゾゾの本発売記念として2冊の内容を紹介している最中、内田の背後でポルターガイスト現象が起こる…。

●今日の番組の撮れ高は…

お守り

#66 内田が痩せた

公開日	視聴回数	再生時間
2020/8/7	297,964回	5:03

内田によるお留守番回4回目。連休中に運動をして痩せた内田。引き締まったというが、その痩せ方は皆口がちょっと心配になるほどだった…。

●今日の番組の撮れ高は…

平成時代前半にやっていたホラー番組

#66.5 インターミッション

公開日	視聴回数	再生時間
2020/8/14	114,677回	1:36

インターミッション＝映画における途中休憩。誰もいない部屋に、パソコンの画面だけが映し出されている。最後にかすかに聞こえた声の主は…。

#67 帰ってきた長尾

公開日	視聴回数	再生時間
2020/08/21	249,471回	5:01

旅に出ていた長尾が帰ってきた。お留守番撮影をしてくれたメンバーに旅先からお土産を買ってきたというが、それは東京土産だった。

●今日の番組の撮れ高は…

東京アラート

#68 睡眠の話

公開日	視聴回数	再生時間
2020/08/28	214,339回	5:41

最近寝付きが悪いという皆口。眠れない時はどうやったら眠くなるのかという問いに対し、長尾は「起きてればいいんじゃない?」と言う。

●今日の番組の撮れ高は…

ラベンダーの入浴剤

#SP ゾゾゾの夏締め拡大スペシャル2020

公開日	視聴回数	再生時間
2020/08/31	660,983回	14:44

夏締めスペシャルとして落合をゲストに迎える。話し始めて早々に怪現象が起こる中、まだまだ暑く、いつもと違った今年の夏を振り返る。

●今日の番組の撮れ高は…

LOVE YOU ONLY

#69 2040年未来の旅

公開日	視聴回数	再生時間
2020/09/04	250,793回	5:55

2040年からお届けする「家賃の安い部屋」。20年後はiPhone34が発売され、4Gや5Gで速いどころか「越されている」状況になっているらしい。

●今日の番組の撮れ高は…

マジックハンド

#70 芸術の秋

公開日	視聴回数	再生時間
2020/09/11	221,695回	5:03

秋といえば芸術。街へ出てスナップ写真をたくさん撮りたいという写真好きの長尾。「写真映えする街は?」という問いに池袋北口と答える。

●今日の番組の撮れ高は…

100万画素

#71 シュレーディンガーの猫

公開日	視聴回数	再生時間
2020/09/18	218,112回	5:11

もう1人の自分が映った心霊写真を紹介。青髪の長尾も「あそこで見たよ」などとよく言われ、関東圏内に5人ほどいるようだが、金髪になり…。

●今日の番組の撮れ高は…

シュレーディンガーの猫

#72 遅刻

公開日	視聴回数	再生時間
2020/09/25	202,324回	5:07

開始が遅れている「家賃の安い部屋」。原因は長尾の遅刻だった。ギリギリを攻めていくタイプの長尾はなぜいつも間に合わないのか考える。

●今日の番組の撮れ高は…

リマインダー付きメモ帳

To be continued...

デザイン　西垂水敦・市川さつき(krran)
文　明道聡子(リブラ舎)
撮影(投稿写真以外)　三好宣弘(RELATION)
校正　東京出版サービスセンター
編集　森 摩耶(ワニブックス)

家賃の安い部屋とは

ホラーエンタテインメント番組ゾゾゾのサブチャンネル。メインパーソナリティ長尾とディレクター皆口のトークを交えつつ、番組に寄せられた投稿写真・映像などを紹介する、気軽に観れるフラットで少しアンダーグラウンドなホラーエンタテインメント番組である。
2019年3月より、YouTubeに動画の配信を開始。
チャンネル登録者数20万人超、総再生回数2400万回超(2021年1月時点)。

家賃の安い部屋　心霊写真BOOK

2021年2月22日　初版発行

発行者　横内正昭
編集人　青柳有紀
発行所　株式会社ワニブックス
〒150-8482
東京都渋谷区恵比寿4-4-9　えびす大黒ビル
電話　03-5449-2711(代表)
03-5449-2716(編集部)
ワニブックスHP　http://www.wani.co.jp/
WANI BOOKOUT　http://www.wanibookout.com/

印刷所　凸版印刷株式会社
DTP　株式会社三協美術
製本所　ナショナル製本

本書に掲載されている心霊写真は視聴者の方よりご提供頂きました。
お便りの内容は視聴者の方よりご投稿頂いたものを一部編集した上で掲載しております。
心霊写真の撮影日時は投稿頂いた日を起点としたものです。
本書の情報は2021年1月時点のものです。

ISBN 978-4-8470-7022-8